思想觀念的帶動者

文化現象的觀察者

本土經驗的整理者

生命故事的關懷者

心靈工坊
[PsyGarden]

Holistic

探索身體，追求智性，呼喊靈性
攀向更高遠的意義與價值
是幸福，是恩典，更是內在心靈的基本需求
企求穿越回歸真我的旅程

動中覺察

改變動作・改善生活・改寫人生

Awareness Through Movement

Easy-to-Do Health Exercises to Improve Your Posture,
Vision, Imagination, and Personal Awareness

摩謝・費登奎斯（Moshé Feldenkrais）——著

陳怡如——譯

目錄

各方推薦

動作是感覺的基礎，動作可以反應出當下神經系統的狀態，「動」的優劣能力對自我價值觀有很重要的影響。藉由動作，覺察當下的身體狀態，是每個人一生都該學習的功課。

——劉美珠

（國立臺東大學心動學系教授，Body-Mind Centering® 教師）

這個練習如此簡單，卻能如此巧妙地引領他人去創造同樣風格的練習。它以精巧的方式開發你的身體，以心智及感官知覺分別去覺察身體左右兩側。身體的感覺變得更細緻了，然後，身體的一側激發著另一側，彷彿由此開啓了一種良性競爭的循環。

——耶胡迪‧曼紐因（Yehudi Menuhin，小提琴大師）

　　《動中覺察》為成千上萬人引介了費登奎斯方法。在我跟摩謝．費登奎斯一起旅行時，還有他主持的工作坊中，人們會走上前來跟我們說，這本書如何大大改變了他們的生活——幫助他們掙脫個人困境而復元，豐富了他們的生活品質。

——科爾曼．科倫塔耶

（Kolman Korentayer，完形和費登奎斯學派工作者，費登奎斯課程北美協辦人）

　　費登奎斯最受歡迎、最平易近人的一部作品。

——史密森尼學會（Smithsonian）

【推薦序】

認識費登奎斯，改善生命的品質

保羅・如賓（Paul Rubin，國際費登奎斯®資深教師培訓師）

在有關於人類潛能及教育的領域裡，摩謝・費登奎斯博士可說是以整體論來思考的早期領航者。

費登奎斯年輕時是運動員，一次膝蓋受傷的經歷讓他挫折又困惑，因為他的問題無法用任何醫學方法來解決。他同時也對自己很不滿意，因為他無法解釋自己為何會如此衝動地賭上未來獨立行動和生活的能力，只是為了在運動場上爭個輸贏。這成為了他畢生研究「強迫的本質」（nature of compulsion）的契機。

費登奎斯與生俱來的充沛好奇心及聰明才智，讓他開始對人類行為的根源進行徹底的調查。既然醫療選項全部無效，他開始透過達爾文（Charles Darwin）及康拉德・勞倫茲（Konrad Lorenz）等人的著作來研究人類行為的演化。在此同時，他也研究人類神經系統演化的可能性，他想了解「大腦進行的生理發展」，與「人類發展出更複雜的行為及情緒歷程」的潛能，這兩者之間的關係。早期學者的理論如巴甫洛夫（Ivan Pavlov）的學習理論及A・D・斯伯瑞斯基（A. D. Speransky）的著作《醫學理論的基礎》（*On the Basis for a theory of Medicine*）形塑且融入了他的思想。

　　他透過皮亞傑（Jean Piaget）及其他學者的理論，來研究兒童的身體、社會及情緒方面的學習發展。他也對早期神經學家的理論很有興趣，例如亞歷山大・露瑞亞（Alexander Luria）及其後的學者，因為他們的研究指出大腦是如何影響人類的運動、感知及情緒生活。

　　簡而言之，他以不同的方式重新開始。他檢視了他當時所有針對人類結構以及行為的理論，目的並不只是要了解這些領域，而是要深入探討：是什麼樣的人類本質引發了這些領域的研究，是什麼將它們區分開來，是什麼讓它們融合在一起，他又該往哪個方向才可能比這些領域走得更深遠。

　　他想了解在人類的演化中，這個世界上最明顯的物理現象會對我們的潛力造成什麼影響？這個世界的地心引力對我們的骨骼及肌肉形成造成什麼影響？太陽光的強度及顏色對我們的眼睛及視覺感知的神經傳導發展有什麼影響？大氣層對肺部及聽力的發展有什麼影響？在這個星球上的演化，是否不只會影響到我們的身體發展，也會系統性地影響我們的學習模式、我們的心理學，以及我們的社會歷程？

　　很幸運地，這四十年來的研究、實驗、還有臨床經驗的結果，發展出這套為人所熟知的「費登奎斯方法」。

　　他具有前瞻性的作品《身體及成熟的行為》（*Body and Mature Behaviour*）首度於 1949 年出版。他以嚴謹的科學思維及跨學科的思考方式來研究人類的學習及行為本質，其結果普遍得到當時思想巨擘的好評。可惜的是，在當時醫學及科學仍然致力

於專科訓練的氣氛下，該書遭到忽視。費登奎斯遠遠超越他的時代。

《動中覺察》的英文版於 1972 年出版，是費登奎斯第一本為大眾所寫的著作。書中除了理論，還包含十二套專注於覺察來進行實驗的動作序列組合。如此的動作序列組合形成了費登奎斯方法的核心，而這十二套只是他超過六百套「課程」中的一些範例。提供一系列對開展能力更實用、更有效的練習，來幫助我們發展更完整、舒適以及適合於不同生命階段的身體狀態，是費登奎斯博士的特殊貢獻。對如此貢獻有興趣的人來說，這是一本很好的入門書。

當人類的神經系統開始作用，幫助我們組織動作以及自我表達的行為，用一種和諧的方式以我們的基因特徵與這個世界互動，我們的行動就不只是關節及肌肉組合起來的機械行為了。而這些通常會帶來戲劇化且令人愉快的結果——無論我們是想要對基本功能進行復健，還是讓已經精練的技巧更加完善；甚至是更為複雜地，想改善我們與自己，以及我們與這世界之間關係的品質。（陳乃賢譯）

【譯序】
走入費登奎斯的世界

　　「聽說這本書是先以希伯來文寫的……所以……」翻譯這本書時，常常想起多年前在美國接受師資培訓的時期，不時聽到同學們對此書的傳聞與臆測。在琢磨要怎麼寫譯序的同時，對這本書的歷史與背景產生了好奇，於是，我寫信給以前在美國念研究所期間的兩位費登奎斯啟蒙老師：以色列裔的大提琴教授暨費登奎斯老師 Uri Vardi，以及費登奎斯老師 Hagit Vardi。沒想到這竟然帶來了一些有趣的發現。

　　中文版翻譯自 1972 年初版、後來於 1990 年再版的英文版，書名為 *Awareness Through Movement*，全書分為兩個部分：第一部分是理論，第二部分是十二堂課程的實作。

　　不過據老師手上的資料顯示，這本書最早於 1967 年以希伯來文出版。老師解釋說，希伯來文初版第一部分的標題來自《希伯來聖經》中以色列人在西乃山接受摩西律法（Torah）的故事：「Na'ase ve'nishma」（我們將會先做，然後我們將會聽到）。現代人將這句話理解成對宗教的完全奉獻和接受。然而費登奎斯更動了「Na'ase ve'nishma」這句話的順序，他不但以「聽／學習，然後做」作為第一部分理論的標題，同時也以一種調皮的方式強調：如果不先有實際經驗，就無法理解也無法獲得。

　　原來，希伯來文舊版的標題有如此的淵源，而這也就是後來英文版本有關理論的第一部分會定為「Understanding While Doing」（做中理解）的原因。這個意涵闡明了進入費登奎斯方法的重要途徑——要嘗試去理解什麼是費登奎斯方法，實際去經驗課程，的確是最重要的一步。如果沒有親身經驗，幾乎所有的討論都是空中樓閣，因此這本內含十二堂實作課程的書非常重要；至於對費登奎斯方法有興趣卻還沒有機會找到合格老師的朋友來說，這本書的中譯版尤其珍貴。

　　循著這條思路，讀者不妨試著邊讀第一部分的理論，邊實際練習第二部分的實作課程。讀者甚至可以從第二部分開始，做完十二堂課程的練習之後，再回來閱讀第一部分的理論，這樣也許更有助於理解與學習。過程中倘若有難以理解的部分，也可以先跳過去，之後再回來，因為在一次又一次實作與閱讀中來來回回探索，往往會有更新的發現與更深一層的體會。

　　1967 年之後的另一個希伯來文版本，於 1972 年出版，書名為《費登奎斯方法——以動作作為覺察的工具》。同年亦以英文出版，書名為 *Awareness through Movement*（《動中覺察》）；這個版本也就是現今中文譯本的來源。希伯來文版的副標題闡明了這個方法的運作方式——「重點是覺察而不是動作，動作只是作為覺察的工具或媒介。」

　　費登奎斯方法有兩種取向：一是透過觸碰與互動、個別一對一的功能整合（Functional Integration，簡稱 FI）教學，另一種是以口語引導的動中覺察（Awareness Through Movement，簡稱

ATM）團體課程。本書後半部的實作課程，即是從幾千堂課程裡精選出來的十二堂課。

在愉悅而不怕犯錯的環境裡，費登奎斯選擇以動作作爲工具與媒介來帶領團體課程，透過探索與學習的過程，發展自我覺察，進而改變自我意象來改善自我。然而，在引導動中覺察課程時，甚至有時在自己的練習當中，會觀察到一個現象：我們往往不自覺地被自身的強迫性所驅使，或被想達成某種姿勢、效果或成功的慾望所吸引，以至於將專注力放在動作的達成，而非身心現象的探索與覺察。有經驗的練習者會發現一種有趣而弔詭的狀態——懷著越強的企圖心或決心、越勉強自己達到某種標準、運用越多的意志力，反而越到達不了書中所敘述的狀態與境界。

關於「達到短期目標的負面效應」、「意志力」、「將目標與過程分開來」等等，費登奎斯在書裡有非常精闢且不同於俗的觀察與論述。即使乍看之下，費登奎斯在每堂課程開始時就說明了這堂課的方向和目標，然而，若仔細閱讀書中的概念以及引導，就會發現在練習過程裡「如何做」其實比「做什麼」更爲重要，而這也會導向更深遠的學習，也就是費登奎斯所謂的「認識自己」（knowing yourself）。

費登奎斯從中年到離世，不斷發展他的方法，精進自己的教學，隨著不同的生命階段，我們也會看到不同的轉變。曾經身爲運動員的費登奎斯，中壯年時期所發展的課程普遍來說比較困難；相對於接近生命末期，也許是對人性有更多的理解與寬容，此時所發展的某些課程，更爲單純與溫柔，卻能產生非常強大的

影響。

　　因此，在帶領初階的大眾課程，尤其是面對較多病痛的朋友時，我較常從費登奎斯晚期的課程中選材，並且更強調以輕、小、慢的方式來練習（當然，依據個別情形，還有更多不同的方式），並且以溫柔、自我保護與尊重的態度對待自己。如此的方式入門就如同慢慢建立堅實的地基，為將來強而有力且快速的行動做準備，並讓敏銳的覺察力與分辨力得以發展。

　　因此，我在譯序裡為讀者介紹費登奎斯晚年的風格；在第二部分的實作課程中，我也在不更動原意的原則下增添一些譯註，提供探索的建議與提示，希望讀者能在更安全舒適的環境下有更多的學習。當然，讀者可自行決定接受或略過建議，或者將譯註視為另一個提供探索的版本。

　　身為物理學家、工程師、數學家、柔道大師的費登奎斯，擁有豐富的知識，他融合東西方的思考，常常挑戰著我們習以為常的觀念。費登奎斯亦受到猶太語、意第緒語、法文、德文、英文和俄羅斯語等多元種族文化與語言的影響。不僅從語言上來說，閱讀費登奎斯並不容易，而且從文化背景來說，也與我們熟悉的主流中華文化大相逕庭。

　　費登奎斯的祖先是哈西迪猶太教的大思想家，相對於我們所熟悉的主流教育文化，即「師者，所以傳道、授業、解惑也」，是非常不同的氛圍。在哈西迪的教育概念裡，解決問題並不是老師的責任，老師的工作是創造一個環境來誘發學習。因此，老師不僅不會直接給予學習者答案，甚至可能會營造充滿矛盾與

困惑的情境，讓學習者在充滿未知的情境裡，自己去探索和辯證，讓學習可以發生。

「如果你完全照著我所做的來做，你就不是在做我所做的。」費登奎斯曾這樣說。這句看似矛盾的話，的確傳達了這個方法的核心（引自易之新的費登奎斯工作室網站）。雖然這也許不是主流的思維方式，但若在如此的狀態下待得夠久，可能可以帶領我們超越二元對立的思考模式，幫助我們練習如何在好幾種同時存在的狀態中找到並行的空間，並且探索黑白之間所有可能的灰階。

理解了這樣的文化背景，讀者也許可以發現費登奎斯在書中所提供的不見得是不可辯駁的真理，也不是某種一旦達成即可停止的終點。他所扮演的角色，如同一位具有豐富身心探索經驗的嚮導，為我們描繪自我改善的旅程裡沿途將遇見的各種形形色色的風景；並且向我們展示，當每次都有所進步時，改善的成果將會永無止盡！

＊　＊　＊

本書中文譯本的出版要感謝很多人的幫助。首先感謝易之新老師熱心促成我與心靈工坊的合作，並在我翻譯遇到困境時提供建議和討論，讓第一次譯書的我不會過於徬徨無助。感謝我的兩位啟蒙老師 Hagit Vardi 和 Uri Vardi，他們熱心提供我希伯來文版本的資訊。感謝資深的費登奎斯培訓老師茱莉（Julie Casson Rubin）、保羅（Paul Rubin）與理查（Richard Corbeil），他們幫

助我釐清本書的語言和字意。

　　與 Uri 和 Hagit 討論的過程中，我深深體會到，我們真的不知道帶著多少自己的文化歷史背景在解讀、詮釋和理解眼前的文本。這個經驗也再次提醒我，真正的學習是探索未知，並在發現「喔！原來我並不知道自己不知道什麼！」之中，帶著如小寶寶般的好奇繼續向前。我想，此書的中譯本也許未臻完善，但為費登奎斯方法多開啓了一個對話的空間，歡迎讀者提出任何疑問或討論。（yiruchen0409@gmail.com）

第一部

做 中 理 解

Understanding While Doing

前言

Preface

　　我們依據自我意象（self-image）來行為處事。不僅如此，這個主宰了我們一舉一動的自我意象，會受到遺傳、教育和自我教育這三項因素不同程度的影響，而有所不同。

　　承襲自遺傳的部分是最不可改變的。每個人與生俱有的生物特質——神經系統的形貌樣態和能力、骨骼結構、肌肉、組織、腺體、皮膚和感官——早在建立任何個體的獨特性之前，就已經由生理遺傳決定了。而他的自我意象是在一般的經驗過程中，透過自己的行為和反應所發展出來的。

　　教育決定了一個人的語言，並建立他在某特定社會中，普遍的共通概念與反應模式。這些概念和反應會依個人出生環境的不

同，而有所不同；這些並非人類此物種所具有的特性，而是某特定族群或個人獨有的。

在很大的程度上，教育決定了我們自我教育的方向。在我們的發展中，自我教育是最積極的元素；比起源自於生物本質的元素，自我教育更常運用於社會層面上。自我教育會影響我們學習外在教育的方式，並且影響我們選擇學習的素材，也就是選擇哪些是可以學習的，以及哪些是因為我們無法吸收而需要去拒絕的。教育和自我教育間歇交替地發生。在新生兒生命的前幾週裡，教育主要是吸收環境，而自我教育幾乎不存在；自我教育只包含拒絕或抗拒所有異物、以及他遺傳特質裡無法接受的事物。

當小寶寶成長並變得比較穩定的時候，自我教育亦開始發展。孩童逐漸發展出自己獨特的個性，會開始依據自己的特質來選擇目標和行為，他不再接受外在訓練試圖強加於他的任何事物。強加的教育和個別傾向，共同定調了我們所有慣性行為和動作。

在塑造自我意象的三項積極因素中，只有自我教育在某種程度上可以掌握在自己的手上。生理遺傳是無法選擇的，教育是強加於我們的，甚至在生命的前幾年，自我教育也非完全來自於自由意志，而是取決於「遺傳性格、個人特質、神經系統運作的效度」三者之間的相對強度、外在教育影響的嚴重程度以及持續程度。遺傳讓我們在生理結構、外表和動作上成為獨特的個人。教育使得我們成為某個特定社會的一員，且企圖讓我們與那個社會的其他成員盡可能地相像。社會規範了我們的衣著樣式，於是

讓我們的外表跟其他人相差無幾，而社會也藉由賦予我們語言，讓我們跟其他人以同樣的方式來表達自己。不但如此，社會亦在我們身上灌輸了一套行為模式和價值，企圖讓我們的自我教育也如此運作，也就是期待自己變得跟其他人一樣。

如此一來，即使自我教育是造就個體獨特性的積極力量，同時也可以將個人遺傳的差異延伸到行為的領域裡，然而，在相當大的程度上，自我教育也會傾向讓我們的行為跟其他人一樣。正如我們今日所知的，教育根本的缺陷在於，教育是以古老且原始的慣例習俗作為基礎，其目的是讓大家都一樣，但這樣的意圖並非清晰可見，也就不易察覺。不過這項缺陷也有它的優點，因為除了塑造個人讓他不會跟社會格格不入之外，教育本身並沒有其他明確的宗旨，因此教育不總是能完全成功地壓制自我教育。儘管如此，即使在教育方法不斷改善的先進國家，每個人的意見、外表和志向，也越來越趨於一致。大眾傳播的發展，以及政治上對於平等的企盼，也推波助瀾地更讓今日個體的獨特性越來越模糊。

哈佛大學的心理學家史基納（B. F. Skinner）已經運用了教育和心理學領域的現代知識和技巧，示範了一些方法，可以製造出「滿足、有能力、受過教育的、快樂的且富創造力的」個人。事實上，儘管不被如此明確地陳述出來，但這也是教育的目標。關於這些方法的有效性，史基納肯定是對的，毫無疑問地，有朝一日，我們能夠發展製造出受過教育、組織良好、滿足又幸福的人形部隊；如果我們運用生物遺傳領域的所有知識，

甚至可能可以成功地製造出好幾種不同類型的人形部隊，來滿足社會的所有需求。

這樣在我們有生之年可能出現的烏托邦，是依據現況符合邏輯所發展出來的結果。爲了要實現這個烏托邦，我們只需打造生物的一致性，同時採用合適的教育手段來防止自我教育。

很多人覺得，相較於組成社群的個人，社群是比較重要的。幾乎在所有先進國家裡都可以發現到一個趨勢，就是改善社群，其間的差別只在於要選擇什麼樣的方法來實現這個目標。人們似乎普遍同意，最重要的就是改善就業、生產、並爲每個人提供相等機會的社會過程。每個社會都很關注於如何讓年輕一代的教育盡可能達到相同的品質，如此社群功能的運作才不會受到嚴重干擾。

或許，這些社會趨勢跟人類演化的傾向相吻合；若眞是如此的話，那每個人當然都應該盡力去完成這項目標。

然而，若暫時不考慮社會這個概念，轉而考慮人的本身，我們會發現到，社會不僅僅是其組成分子，也就是人的總和；從個人觀點來看，社會具有不同的意義。首先，作爲一個場域，社會對個人的重要意涵是，在其中他必須追求進步，才能被接受成爲一個有價値的成員；而他的社會地位，會影響他眼裡看待自己的價値。社會作爲一個場域，對個人還有另一層重要的意涵就是，在這裡，他可以鍛鍊他的個人特質，也可以發展和表達個人獨特天生自然的傾向。自然特徵源於生物遺傳。對生物有機體來說，盡其所能去表達與發揮他的功能，是非常重要的。然

而，社會裡要求一致的傾向，會與個人特質產生無數的衝突。要適應社會，有兩種解決的方式，一是壓抑個人天性的需求，二是個人認同社會的需求（對他來說，他不覺得這是外界強加於他的），而認同的程度是如此強烈，甚至每當行為舉止不符合社會價值時，他就會感到自我價值被貶低。

　　社會提供的教育，同時朝向兩個方向運作。透過「撤回支持」的懲罰，教育壓制每一個不從俗的傾向，並同時灌輸價值，迫使個人克制與摒棄自發的欲望。這些制約導致今日大多數的成年人都活在面具之後：一個試圖展現給別人和自己看的人格面具。每一個熱切的願望與自發的渴求，都屈服於嚴厲的內在批評之下，惟恐洩露個人天生自然的本性。這樣的熱望和渴求會引起焦慮和自責，於是個人會努力去壓抑想要實踐的衝動。儘管有些犧牲，但讓自己的人生還禁得住、能繼續走下去的唯一補償是，一旦達成社會所定義的成功，便會獲得社會認可所帶來的滿足感。需要同伴不斷地支持，這樣的需求是如此強烈，以致於大多數人終其一生耗費在築築強化自己的面具上。一再的成功是如此重要，因為這樣才能激勵個人在這場假面舞會中，繼續堅持下去。

　　這樣的成功必須是看得見的，包含在社經位階中不斷往上爬。如果在攀爬過程中失敗了，不僅生活情況會變得艱難，他在自己眼中的個人價值也會降低，甚至嚴重到危害身心健康的地步。即使擁有如此的物質條件，他也不敢允許自己去渡個假。為了維持沒有瑕疵、沒有裂痕的面具，為了避免洩露隱藏在後面

的部分，他需要採取某些行動，然而這些行動和行動背後的驅
力，並非來自於天性的基本需求。結果即使成功，從這些行為
中衍生出來的滿足感，並不是真正的滿足——能讓天生自然本性
恢復元氣的滿足。因為那只是膚淺的、表面的滿足。

　　非常緩慢地，經過多年後，他終於說服自己，社會肯定他
的成功，而且的確帶給他真正的、天性上的滿足。發生的頻率
高到足以讓他變得如此適應他的面具，讓他如此完全認同他的面
具，以至於他便不再意識到任何天生的驅力或滿足，結果可能
會揭露出一些真實的狀態——在家庭和性愛關係中或許一直存在
的裂痕與不安，然而這些狀態卻往往已被個人在社會上的成功
所掩蓋。而的確，對於成功的面具人格和它代表的社會價值來
說，私密的感官生活和強烈的自然驅力衍生出來的需求是否獲得
滿足，幾乎是無足輕重的。絕大多數的人，在戴著的面具後面
過著積極且心滿意足的生活，因此即使停下腳步去傾聽自己內心
時，可能多少會感到有些空虛，但或多或少都能壓抑下去而不感
覺痛苦。

　　不過，不是每個人都能在社會認為重要的工作上獲得成功，
並達到某種程度能使他們過著心滿意足的假面生活。很多年輕時
找不到合適的專業或謀生之道，以提供自己有足夠聲望來維持假
面生活的人，往往聲稱自己懶惰，也缺乏個性或毅力去學習任何
事。他們試試這個、試試那個，工作一個換過一個，總是認為
無論如何，下一個出現的機會可能會適合自己。對自己能力的信
心帶給他們足夠天性上的滿足，因此每一次嘗試新事物時，都覺

得這是值得努力的。這些人的天賦或許不輸其他人，也許甚至更高，然而他們已經養成一種習慣，只有當他們再也無法從任何活動上找到真正的興趣時，才去理會自己天生的自然需求，不然平時對此是漠視的。他們可能剛好碰上一些事，可以做得比平常更久，甚至達到某種專業度，但還是需要機運才能獲得一份職業，讓他們在社會上有立足點，來驗證對自己的評價。在此同時，他們不穩定的自尊會迫使他們在其他領域追求成功，可能是混亂的性愛。這種跟他們不斷轉換工作狀態很相似的濫交，都是受到同樣機制的驅動——他們相信自己擁有特別的天賦。這使他們提升了自己眼中的自我價值，再一次，滿足他們至少是部分的天生自然需求，因此無論如何，都足以使他們覺得值得再試一次。

自我教育——如我們所知，並不完全是獨立的——也會造成其他結構和功能上的衝突。於是，許多人在消化、排泄、呼吸或骨骼結構上，遭受到某種形式的干擾而受苦。其中一項失調的功能如果能定期改善，其他功能也會連帶著改善，於是會再一度提升全面的活力，然而幾乎毫無例外，接著的是一段健康和精神兩者都降低的時期。

決定一個人整體行為的三項因素中，顯然只有自我教育是意志能掌握的。問題是究竟能掌握到多大的程度？尤其更重要的是，一個人要用什麼方式最能幫助自己？大多數人會選擇諮詢專家——在最嚴重的案例中，這是最好的答案。然而，大部分的人並沒有體認到這樣的需求，他們也沒有意願這麼做。而在很多

情況下，專家到底能發揮多大作用也很令人懷疑。最終，唯有自己幫助自己的這條路，是為每個人而敞開的。

　　這條道路既艱辛又複雜，然而對於想要改變和改善的人來說，自己幫助自己是在實際可能的範圍之內。但需銘記於心的是，要開始這樣的過程而有所進展，必須先清楚了解幾件事，如此，若要獲得一組新的反應，就不會太困難。

　　一開始就要充分徹底地瞭解，學習過程是不規律且有階段性的，同時必定會起起伏伏。即使是熟背一首詩如此簡單的事，也適用於上述的道理。一個人可能有一天學會一首詩，第二天卻幾乎完全忘了；幾天後雖然沒有再進一步地學習，但可能忽然又完全記起來。即使好幾個月完全不去想這首詩，但再簡短複誦一下後，就發現整首詩又回到腦海中。因此，在任何時候，如果我們發現自己下滑回到原來的狀態，千萬不要氣餒；只要繼續學習的歷程，這樣退步的情形會越來越少，而且越來越容易回到進步的狀態。

　　而應該進一步體悟的是，自我發生變化的同時，新的、迄今未曾認知到的困難會被發掘。我們的意識之前會拒絕承認這些困難，是由於恐懼或痛苦的緣故；而唯有當自信提升之後，才有可能去正視和辨認。

　　即使不是在清楚的自覺下，大部分的人會偶爾零星地試圖去改善和修正自己的狀態。通常一般人還蠻滿意自己的成就，而且認為除了練習某套健身操來矯正一些明顯的問題之外，自己什麼都不需要。事實上，這篇前言中的每一句話都是針對這樣的一般

人，也就是那些認為這一切與他不相干的人。

　　當人們試著去改善自己時，我們可以從他們身上發現不同的發展階段。而隨著每個階段的進展，更進一步修正自己的方法就必須越來越精細。我在這本書中相當詳盡地勾勒出這條改善之路該如何起步，讓讀者可以運用自己的力量走得更深更遠。

自我意象
The Self-Image

個人行為的動力

我們每個人以不同的方式來說話、動作、思考和感覺，而每一項行為都依據自己多年來所建立的自我意象；為了要改變我們的行為模式，我們必須先改變內在伴隨著我們的自我意象。當然，這裡牽涉到的，是我們反應的動力會改變，而並不只是以一個行動來取代另一個；因為這樣的改變，不僅涉及自我意象，還包含我們動機本質的改變，以及所有相關身體部位的運作。

這些改變，會使得每個人在執行類似行為的方式上，有明顯的不同，例如字跡和發音。

行為的四個要素

我們的自我意象包含四項要素：動作（movement）、感覺（sensation）、感受（feeling）和思考（thought），而這四項要素跟每個行為都密切相關。每項要素在每個特定的行為中有不同的貢獻，就像每個人以不同的方式來執行行為；但在每個行為中，每項要素或多或少都會有所呈現，只是程度不同而已。

舉例來說，一個人為了要能思考，他必須是清醒的，而且知道自己是清醒的而不是在做夢。意思是說他必須感覺到和辨識出，相對於地心引力，自己身體的位置在哪裡。由此可知，動作、感覺和感受也都會涉入思考。

為了要能感受到憤怒或快樂，人必須在某種特定的姿勢之下，並與其他生命或物體有某種關係。意思是說，他（感受時）也必須去動作、感覺和思考。

為了要能感覺——看、聽或觸碰——人必須對於某些與他相關的事物感到有興趣或震驚，或對此有所覺察。也就是說，他（在感覺的同時）必須去動作、感受和思考。

為了要能做動作，他必須有意識或無意識地使用至少一種感官去感覺。而無論有意識或無意識，這兩者都牽涉到感受和思考。而當其中一項構成行為的要素變得非常隱微且幾乎消失時，存在的本身可能就會岌岌可危。若完全沒有任何動作，即使只有短暫的時間都很難存活；若所有的感官知覺都被剝奪了，就沒有生命的存在；若沒有了感受，就沒有活著的驅動力；是窒息的感

覺迫使我們去呼吸；而若連最少的反射性思考都沒有的話，即使是甲蟲也活不了太久。

「改變」固定下來成為習慣

在現實中，我們的自我意象從來不會靜止不動。自我意象會隨著行為而有所改變，但這些改變會逐漸變成習慣，也就是說，行為所呈現的是一種固定不變的特性。

在幼年建立意象的階段，意象變化的頻率很高；對小孩來說，原本前一天還是超出能力範圍之外的新動作形式，他們卻很快就學會了。舉例來說，小嬰兒在出生幾星期之後，就開始有看的能力；有一天他便會開始站立、走路和說話。小孩本身的經驗，加上先天的生物遺傳，慢慢結合起來，創造出他自己獨有的方式來站立、行走、說話、感受、聆聽，以及執行其他任何賦予他生命實質意義的行為。但若拉開距離來看，每個人的生活彷彿都很相似；不過若更仔細地檢視，我們就會看到其實是截然不同的。因此話說回來，在溝通時，我們就必須挑選和使用那些大致同樣適用於每一個人的字詞和概念。

自我意象是如何形成的？

我們先將自己限定在一個範圍之內，然後就能詳細檢視自我

意象裡的運動部分（motor part）。本能、感受和思考，這三者都跟動作有所連結，他們在創造自我意象裡所扮演的角色，就已然揭示了自己本身與動作之間的關係。

刺激大腦運動皮質（motor cortex of the brain）的特定細胞，會激活某特定的肌肉。今日我們已經知道，皮質細胞與被其所激活的肌肉之間相對應的關係並不是絕對性的，但也不是排他性的。然而，有足夠的實驗證明可以讓我們認定，至少在基本的初階動作中，特定細胞的確會激活特定的肌肉。

個人行為與社會行為

新生兒幾乎無法從事他未來成人後在人類社會中的任何行為舉止；然而，他卻可以做到身為一個獨特個體的成人所能進行的每件事情。他可以呼吸、飲食、消化、排泄，他的身體可以組織起來進行所有生物和生理的過程，除了性行為以外——也許性行為應該視為成人化社會的過程，因為這是發生在兩個人之間的事，不過在一開始時，性活動仍局限於個人範疇之內。成人性行為的發展，來自早期的自體性行為，這是現在普遍可接受的觀念，而這樣的論述得以解釋，性方面能力的不足，是由於從個人性行為到完整社會性行為發展過程的失敗。

與外在世界的接觸

　　嬰兒與外在世界的接觸，主要是透過嘴唇和口腔來建立；他透過嘴唇和口腔來認出母親。嬰兒會用手摸索，並用手來輔助嘴唇和口腔的工作，同時也會透過觸摸，來認識他之前已經透過嘴唇和口腔所認識的事物。他會從這裡開始逐漸進展，去發現其他的身體部位以及它們彼此之間的關係，並且透過這樣的過程，去建立他最初對於距離和數量的概念。而嬰兒對於時間概念的發現，則開始於協調呼吸和吞嚥的過程，而這兩者都與嘴唇、口腔、上下顎、鼻孔，以及其周圍部位的動作有關。

大腦運動皮質上的自我意象

　　如果我們在一個月大嬰兒的大腦運動皮質表面，用顏色標記出哪些細胞會服從他正在發展的意志去激活肌肉，我們應該會得到一個與他身體外形相似的輪廓，不過這個輪廓只代表了自主動作／隨意動作（voluntary action）的區域，而不是身體部位的解剖構造。舉例來說，我們應該會看到嘴唇和口腔占據了大部分有顏色的區域。而抗地心引力的肌肉——那些開展關節讓身體可以直立的肌肉——還尚未臣服於自主控制／隨意控制（voluntary control）；嬰兒手部的肌肉也是一樣，剛開始只會偶爾回應意志的召喚。因此我們應該得到的一個功能意象是，在這個意象

裡，四條細的鉛筆線條代表四肢，還有一條又細又短的線條代表
軀幹，同時嘴唇與口腔占據了大部分的意象。

每一項新功能都會改變此意象

　　同樣的，對於一個已經學會走路和寫字的孩子，我們若將那
些服從於自主控制／隨意控制去激活肌肉的腦細胞塗上顏色，應
該會得到一個相當不同的功能意象。嘴唇和口腔仍會再次占據大
部分的空間，因為說話的功能涉及舌頭、嘴唇和口腔的運作，
這些部分已經加入之前的意象。不過還有一大片區域將會變得
很明顯，這片色塊涵蓋了激活左右兩邊大拇指的細胞。很明顯
的，激活右拇指的細胞所占的色塊，會比左拇指的大得多。只
要是運用手來執行的動作，拇指幾乎都會參與，尤其是寫字。
代表拇指的色塊，會比代表其他手指的來得大。

每個人大腦運動皮質上的肌肉意象，都是獨一無二的

　　如果我們持續每幾年就去描繪出一幅上述的意象，不僅每一
次結果會不同，而且每個人之間也會有非常顯著的差異。在一
個不曾學習寫字的人身上，代表拇指的色塊可能會維持原來的一
小片，因為本來可能涵蓋進來的細胞，仍然維持沒有使用的狀
態。學過演奏樂器的人，代表中指的色塊可能會比沒有學過的人

來得大。而對於會說好幾種語言，或唱歌的人來說，在呼吸、舌頭、口腔等負責激活肌肉的細胞區域，會呈現比較大的色塊。

唯有肌肉意象是根據可觀測的實證基礎

在許多實驗的過程中，生理學家已經發現，至少在身體基本動作方面，相關的腦細胞，會在大腦運動皮質區域連結成類似人體的形狀，他們稱之為「腦中小人圖」（homunculus）。[1] 因此，就

1　譯註：潘菲爾德的腦中小人圖（Penfield's homunculus）

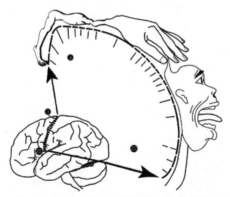

潘菲爾德將身體的感覺或運動功能在大腦中的定位畫成圖像，這是大腦額葉前端的橫切示意圖。圖中顯示出，有些部位（如腿與軀幹）的功能在大腦中只占很小的區域，而形成一個奇形怪狀的小人圖形。早期正統解剖學認為功能定位是固定的，但費登奎斯對此有所質疑（讀者可參考費登奎斯著，《費解的顯然》〔心靈工坊，2016〕第二章和第十章）。後來的實驗也顯示腦中小人的圖形會隨著身體損傷的影響或使用方式的不同，產生動態的變化，並非固定不變，這也是後來神經可重塑性（neuroplasticity）相關領域的研究範圍。

「自我意象」的概念而言，這是確切的實證基礎，至少適用於基本動作。至於感覺、感受或思考，我們則尚未有類似的實驗證據。

我們的自我意象沒有充分展現我們的潛能

相較於自我意象可能達到的形貌，我們實質上的自我意象比較小，因為它僅由我們實際上有使用的細胞群組所構成。此外，各式各樣多元的細胞模式和組合，或許比細胞的實際數量來得重要。一個精通好幾種語言的人，會同時運用比較多的細胞和比較多的細胞組合。在全世界裡，大部分生活在少數族群人口中的孩子，至少都會兩種語言；比起只會說母語的人，他們的自我意象會稍微比較接近潛能發揮到極致的形貌。

其他大部分領域的活動也是如此。相較於我們的潛能，我們的自我意象普遍來說，比較受限也比較小。世界上有些人會三十到七十種語言，這顯示一般人的自我意象只用了大約百分之五的潛能。在有系統地觀察了數以千計來自各個不同國家和文明的人，以及處理他們的情形之後，使我相信，我們大約只用了我們隱藏起來的潛能中極少的部分。

達成眼前的立即目標有負面的效應

「學習去達到目標」的負面效應是，一旦我們掌握了足夠的

技巧去達成眼前的目標後，我們就會傾向於停止學習。舉例來說，在語言發展的過程中，我們會不斷自我改進；可是，一旦能讓別人瞭解我們在說什麼之後，自我改進就會停止。然而，若有人說話想跟演員一樣口齒清晰，就會發現自己必須花好幾年來鑽研說話技巧，才能實現任何接近他在這個方向的最大潛力。限制能力發展的過程錯綜複雜，這會使人習慣於只使用百分之五的潛能，而不明白其實他的發展已經受到了阻礙。這種複雜的狀況，來自於個人的成長與發展，和他所生長的社會文化與經濟之間，固有相互依存交互作用的影響。

教育與主流環境密不可分

沒有人知道人生的目的是什麼，而代代相傳的教育，只不過是過去世代主流慣性思考的延續。自有人類以來，生活就是嚴酷的考驗，大自然對於缺乏覺察的生物毫不仁慈。我們無法忽視過去幾世紀以來，停駐在地球上數以百萬計的人們所製造出來巨大的社會困境。在這樣緊張的狀態中，教育的改善只是達到某種必要且可能的程度，得以在大約類似的情況下，培養出新世代來取代舊世代。

個人最低限度的發展就已經滿足了社會的需求

　　任何有機體的基本生物傾向，是充分完全地成長與發展，但這樣的傾向，已經大幅度地受到了社會和經濟變革的宰治。這些變革改善了大多數人的生活條件，但同時也讓更多的人，只發展到他能力的最低限度。在這種情況下，基本的潛能發展在青春期的初期就停止了，因為即使年輕世代的成員仍在最低限度的發展階段，但由於社會的需要，在他們繼續發展之前，社會就先已經視他們為有用的個人了。初期青春期之後的進一步訓練，事實上，僅局限於取得某特定領域的實用和專業知識；只有在無意之中和某些特殊的情形之下，基本發展才會繼續。唯有那些不平凡的人，才會繼續發展他們的自我意象，直到比較接近每個人其實本來就有所承襲的天賦潛能。

「發展不完全」和「自滿於成就」的惡性循環

　　依據上面敘述，顯然大多數人只用了他們極小部分的潛能。有少數的人之所以能超越大多數的人，不是因為擁有比較高的潛能，而是因為他們學會使用比較高比例的潛能──他們的潛能很可能就只是一般而已。當然，要考慮到的一點是，不會有兩個人擁有完全一樣的天賦潛能。

　　能力發揮受到阻礙的同時，卻又讓人對於自我受限、只發揮

一小部分能力的情形感到理所當然而自我滿足，這樣的惡性循環
是如何產生的呢？這眞是個令人感到好奇的情形。

阻礙發展的生理過程

　　在生命最初的幾年裡，人跟其他的生物很相似，會動員所
有獨立運作的力量，以及發揮每一項充分發展的功能。他的身體
細胞就像所有活著的細胞一樣，會力求成長，並且實行它們特定
的功能。同樣地，神經系統的細胞也是如此；在參與有機體功能
運作的同時，每個神經細胞也都過著自己的生命，這是它們存在
的理由。然而，許多細胞雖然身爲有機體的一部分，卻保持不
活動的狀態，這可能是因爲兩種不同的過程所造成的。其中之一
是，這個有機體所進行的行爲，也許需要抑制某些細胞，同時
也需要動員其他細胞。如果身體或多或少、不斷持續這樣的行
爲，那麼有些數量的細胞就會幾乎永遠處於被抑制的狀態。

　　另外一種情形是，有些潛在的功能可能根本還未成熟，有
機體可能沒有想去執行這些功能，也許因爲認定這些功能沒有價
值，或是因爲有機體的驅力引導它朝往不同的方向。這兩種生理
過程都很普遍。而事實上，即使一個有機體並未將最低發展的能
力發展完全，社會情境仍然允許他成爲一個社會有用的成員。

人們依據他在社會上的價值來評斷自己

在我們現今的時代，社會進步的發展已經直接朝向一種趨勢，就是不尊重、也近乎漠視建造社會的人力資源。錯誤並不在目標本身，因為這些目標大致上都是有建設性的；但錯誤在於，無論正確與否，人們都傾向於以他們的社會價值來認定自己的自我意象。即使已經脫離教育和照護他的人，人們並不會奮力脫離最初銘印在他們身上的模式，如此一來，社會就會由一群作風、行為和目標逐漸相同的人所組成。即使事實上，人與人之間天生的差異顯而易見，但很少人在看待自己時，不去參考社會對他們的價值評斷。就像企圖把方形的栓子硬塞進圓洞裡一樣，個人也試圖藉由疏離天生的需求，磨掉自己的生物特性。他強迫自己符合圓洞，那是他現在積極想要迎合的，因為如果失敗了，他在自己眼中的價值就會貶損，亦會喪失努力向上的進取心。

而一個人一旦再度追求個人的成長，也就是允許自己的特質發展並實現時，上述的這些情形必須牢記於心，因為如此才能充分體會到，他對自己的態度，是多麼具壓倒性的影響。

以成就來評判孩子會剝奪他的自發性

一個孩子在最初的幾年裡倍受珍重，一般來說不是因為他

的成就，而單純是因爲他自己。在這樣的家庭中成長，孩子會依據他的個人能力來發展。然而在主要以成就來評判孩子的家庭中，孩子的自發性在早期就會完全消失，而這些孩子會在未經歷青春期的狀態下變爲成人，這樣的成人可能會不時地在無意識下，憧憬他們錯過的青春期，渴望找出他們內在的天賦才能，而那是他們小時候想要發展卻遭受否定的才華。

自我改善與認可自我價值密切相關

我們必須理解一件很重要的事，就是如果一個人想要改善自我意象，首先，他必須學會看重自己是個獨特的個人，即使對他來說，身爲社會成員的不足，在他心中的比重超過了自己的個人特質。

我們可以從出生或小時候就有殘疾的人身上學到，面對顯而易見的缺陷，他是如何看待自己的。那些能夠帶著充份、全面包容的人性，來成熟地看待自己、且有著穩定自尊的人，或許能達到一般健康的人永遠也攀不上的高峰。

然而那些因自身殘疾而認定自己低人一等、全然只以意志力克服殘疾的人，很容易成長爲難以相處、充滿怨恨的成人，他們會報復身邊沒有過錯的人，並且即使他們希望，也可能無法改變這樣的處境。

若要更進一步自我改善，最重要的是行動

在自我改善初期的階段，認可自己的價值很重要；然而，若要有任何真正的改善，對於自我的重視，就必須退居到第二位。除非進入另一個階段，在這個階段裡，自尊停止成為主要的驅動力，否則任何的進步，永遠都不足以滿足這個人。事實上，隨著一個人的成長與進步，他整體存在的重心，會逐漸轉移到「做什麼」和「如何做」；而在此同時，是「誰」做了這些事，就會慢慢變得越來越不重要。

改變早期行為模式的困難

人們傾向於認為自我意象是先天賦予的，雖然的確如此，然而更進一步來說，自我意象是個人經驗所產生的結果。個人的外貌、聲音、思考方式、環境、他與空間和時間之間的關係等等，這些隨機揀選出的例子，都理所當然地被視為與生俱來的事實；相對的，一般來說，個人與他人、以及個人與社會的關係中，每一項重要的元素，則被認為是廣泛訓練的結果。走路、說話、閱讀，以及辨識照片中三度空間的技巧，都是個人長年累積的技能；而每一樣技能都取決於機遇，以及他出生的地點與時空背景。第二語言的習得並不像母語那樣簡單，新學習的語言，其發音會明顯受到母語的影響；而且母語的句型結構也會被

植入第二語言中。每一個已經完全被吸收的行為模式，都將會干擾接下來的行為模式。

　　舉例來說，當一個人要學習依循著其他非本國的傳統坐姿習慣時，他就會碰到困難。因為他原本的坐姿不單是遺傳的結果，也來自出生的機遇和環境。跟舊的習慣比較起來，學習新坐姿所涉及的困難更多，困難比較不在於新坐姿的特性，而是在於要改變已經建立在身體、感受和心智上，源於既有的慣性模式。無論習慣是如何形成的，幾乎對於所有習慣的改變而言，都會遇到相同的情形。這裡所指的，當然不是單純地以一種活動來取代另一種，而是指行為表現方式的改變，以及整個動力的改變。於是這些改變就可以讓新的方法在各方面，跟舊的方法一樣好。

我們身體很多部分是沒有覺察的

　　一個人平躺下來，試著有系統地去感覺整個身體——意思是說，將注意力輪流移轉到身體的四肢和每一個部位——他會發現有些部位很容易有所回應，而其他部位則保持沉默，或較為麻木遲鈍，同時這些部位亦落在他意識可以覺察的範圍之外。

　　因此感覺到指尖或嘴唇很容易，但要感覺到那個在頭後面、頸背上和雙耳之間的區域，就困難的多。當然，每個人感到困難的程度不同，因為這取決於自我意象的形貌。一般來說，我

們很難找到一個人，能平均一樣地覺察到全身每個部位。在覺察中很容易被明確指出的身體部位，是那些每天都爲我們工作的部位；而在覺察中呈現麻木遲鈍或沉默的身體部位，則是那些在生活中只扮演了間接的角色，並且當執行功能時，幾乎不會出現在自我意象裡的部位。

一個完全不會唱歌的人，無法在自我意象裡感受到這項功能，除非努力透過智識的推斷。他無法像歌唱家那樣，覺察到口腔空間與耳朵之間強而有力連結，也無法像歌唱家那樣覺察呼吸。一個可以跳躍的人，可以清楚界定出有關跳躍的身體部位；但無法跳躍的人，則無法覺察到這些部分。

完整的自我意象是很少見的理想狀態

完整的自我意象，包含完全覺察到骨架結構中的所有關節，以及全身所有的表面——背面、側面、兩腿內側等等；這是理想的狀態，並且是非常少見的。我們可以自我驗證，自己的所有行爲舉止，都是在自我意象的範圍裡，然而我們的自我意象只不過是理想意象的一小部分。我們也很容易觀察到，隨著一個活動到另一個活動，以及從一個姿勢到另一個姿勢，自我意象不同部位之間關係會因此改變。但由於過於熟悉，在一般情形下，這些改變並沒有那麼容易地被看到，不過可以經由一種方式來理解，也就是想像把身體擺出一個不熟悉的動作，例如：從一個動

作變換到另一個動作時，雙腿的長度、厚度，以及其他面向都會看起來像是依據動作變化的過程而有所變化。

不同的手所估算的長度會不同

舉例來說，如果閉上眼睛，試著用右手的拇指和食指，或是用雙手的食指，比出嘴唇的長度，我們會得到兩種不同的長度。這兩種方式不僅都無法對應出嘴唇實際的長度，而且可能都會大好幾倍或小好幾倍。好，現在再試一次，閉上雙眼，如果用雙手各以水平跟垂直方式，比出胸部的厚度，我們很可能會得到兩個差異蠻大的估計值，而這兩者可能都不一定會接近真實的尺寸。

閉上雙眼，雙手臂向前伸長，大約與肩同寬，然後想像光線從右手食指傳到左眼，同時光線從左手食指傳到右眼，這兩道光線會交會在哪一點呢？現在試著用右手拇指和食指標示出那個交會點。當你張開眼時，會看到你所選擇的那一點，應該不太可能會是正確的點。

很少有人的自我意象，會完整到足以讓他們在這樣的方式下，仍能標示出正確的交會點。此外，如果用左手拇指和食指重複這個實驗，很可能所標示出來的交會點會在不同位置上。

平均近似值與我們所能達到最好的程度之間差距甚遠

　　透過不熟悉的動作很容易顯示出，我們的自我意象大致來說，與我們所認定完整和精確的程度之間，仍有很大的差距。我們的自我意象，是透過熟悉的動作所形塑而成的，而在這過程中，好幾個感官往往會自動相互修正，不斷改善，讓我們更接近真實的狀態。因此，自我意象在眼前的區域，會比背後或頭上的意象精確，而且在熟悉的姿勢裡，例如坐姿或站姿，也會比較精確。

　　如果閉上雙眼想像和雙眼張開實際看到，兩者之間所估算的數值或位置的差異，不超過百分之二十或三十，這樣的精確度就算是平均值了，雖然還差強人意。

個體依據他們的主觀意象來行為處事

　　意象和真實之間的差異，可能高達百分之三百，甚至更高。有些人習慣於將胸腔維持在一種姿勢，彷彿過度地把空氣從肺裡排出，他們的胸腔比原本應有的狀態還要平坦，而且會因這樣過於平坦的狀態而無法有效運作。

　　如果要求這些人閉上眼睛比出胸部的厚度，他們所比出來的，往往會比真實的大上好幾倍。也就是對他們來說，過於平坦的胸腔是理所當然的，因為增厚胸腔對他們而言，顯然就是過

度努力去擴張肺部。故而在他們的感覺裡，一般的擴張就意味著他人刻意把胸腔鼓起來。

一個人維持肩膀、頭和腹部的方式；他的聲音和表達方式；穩定度，以及所展現出來的姿態，全都是以他的自我意象為基礎。不過這個意象，可能會被削弱或膨脹以符合他的面具，而且面具的主人會很樂於以此面具接受同輩的評斷。因為只有他自己才會知道，哪部分的外在表相是虛假的，哪部分是真實的。然而，不是每個人都能輕易地看清自己，而且有些人可能要大大借助於他人的經驗。

系統化地去改善意象，比修正單一動作更加有效

從之前有關於自我意象的討論中，浮現出來而形成的是，相較於修正行為模式中單一的動作和誤差，系統化地去改善意象，是較為快速且有效的方式。當系統化去改善意象時，雖然我們處理的是比較小的誤差，但影響的範圍將會逐漸擴大。在最初時就建立一個大致完整、雖然只是近似的意象，但這樣的過程，會讓增進整體的動力成為可能，而非分別去處理個別零碎的動作。這樣的改善，或許可以比喻為：音不準的樂器需要調過音，才適用於演奏。改善意象的整體動力，相當於幫鋼琴調音，使用調好音的樂器，會比使用走音的樂器演奏得更好。

發 展 階 段
Strata of Development

第一階段：自然發展

　　所有人類的活動，可以分為三個連續的發展階段。孩子們說話、走路、打架、跳舞，然後休息。史前人類也會說話、走路、跑步、打架、跳舞和休息。起初，做這些事情都是「自然而然地」，也就是說，跟動物一樣為了存活而去做所有必要去做的事。儘管對於我們來說，這些是自然而然發生的，但這一切絕不簡單。即使是最簡單的人類活動，其神祕之處並不少於蜜蜂如何築巢，或鴿子如何飛越千里後仍能回到自己的家。

自然活動是共同的遺傳

每個人都以相似的方式來行使所有自然的活動，正如同所有的鴿子和蜜蜂都以類似的方式來返家和築巢。

全世界各地的部落，即使是生活在孤島上的種族，都是自然而然地學會說話，也自然而然地學會了跑步、跳躍、打鬥、穿衣、游泳、舞蹈、縫紉、編織羊毛、製造皮革，以及製作籃子等等。不過在某些地區，這些自然的活動已經發展出了不同的樣貌，並且往外分支擴散；而其他地區，則毫無改變地保留了自古以來最初的型態。

第二階段：個別發展

從那些有新發展的時間和地域裡，我們都會找到一個獨特的、個別的階段。也就是說，某些人會找到自己個人的、獨特的方式，來進行那些自然而然就能學會的活動。有人可能找到了獨特的方式來表達自己，有人則是找到特殊的方式來跑步、不同編織或製作籃子的方式，或是在其他方面，找到自己獨樹一格、有別於一般自然方式的方法。當這個人的方法被證明能帶來重大的益處時，其他人往往就會跟著採用。如此，澳洲人發展了丟擲迴力鏢的技藝，瑞士人學會「約德爾唱腔（yodel）」（一種真假音快速反覆變換的唱腔），日本人創造柔道，而南海的島

民游泳時則使用自由式。這些都是第二階段。

第三階段：方法和專業

當某特定的過程，可以用很多各種不同的方法來執行時，可能會出現有些人，他能看到除了個別的執行方式之外，此過程本身的重要性。他會從個別的表現中找出共通性，並將此過程加以定義。在第三階段裡，過程會依據知識所產生的結果，也就是某特定的方法來進行，因此不再是自然而然地發生。

如果我們研究文明世界裡各種工藝的歷史，我們會發現它們幾乎毫無例外地，都會經歷這三個階段。在人類文明初露曙光之際，人們自然而然創作了精彩的繪畫。達文西運用透視法的基本原則在他的繪畫中，然而卻一直到了十九世紀，才由法國數學家蒙日（Monge）完整定義了透視法；於是自此以後，透視法便成爲每一所藝術學校都會教授的課程。

後天習得的方法取代了自然的做法

我們可以觀察到，自然的做法如何逐漸讓位給後天習得的方法，也就是所謂「專業」的方法。一般來說，社會拒絕讓個人擁有運用自然發展的權利，而且不僅如此，在允許個人得以工作之

前，社會會先迫使他們去學習已經普遍被接受的方法。

　　舉例來說，孩子的出生，曾經是再自然也不過的過程，因為女人們知道如何在緊急時刻裡互相幫忙。然而當助產成為普遍接受的方法，且須先取得執照才能當助產士之後，一般的婦女就不再有資格或不再可以幫另一個女人生產了。

　　今日我們可以看到，那些刻意建構的系統持續不斷地發展，已經取代了個別的、直覺的方法，我們也可以看到那些曾經自然進行的活動亦已保留給專家的專業。僅僅在一百年前，人們仍可以採用自然的方式來對待精神病患，但現在管理家務已成為一門行業，裝潢也成為室內設計師的生意。其他許多領域的活動也發生相同的現象，包含數學、歌唱、演戲、戰爭、規劃、思考以及類似的領域。這些活動一開始原本是自然的行為，經過個別的改善持續發展，最終便成為了某種系統以及專業。

越簡單的動作發展越緩慢

　　觀察和研究顯示，所有人類自然的方式中，越簡單和越普遍的動作，進入系統化第三階段的時間會越延遲。幾千年前，編織毯子、幾何學、哲學和數學就已發展出公認的方法了。但行走、站立和其他的基本活動，一直到現在才進入第三、或是說系統化的階段。

　　在每個人的生命歷程中，他的某些活動會歷經這三個階段；

而其他許多活動則僅停留在第一階段，或只經過前面的兩階段。由於每個人都誕生在某特定的時空背景，然後成長進入當時的社會，於是在其中會發現自己的各項活動正處於不同的發展階段：有些在第一階段，有些在第二階段，而有些則已經進入了第三階段。

階段很難被清楚界定

每個人都會調整自己，讓自己去適應所身處的時代。就某些活動而言，自然發展已經是這個人也是社會成就的極限；但對於某些其他活動，他會被期待進入第二階段，甚至還有許多活動會被期待進入到第三階段。這些調適有明顯的困難，因為此過程是模糊不清的。在很多情形下，我們很難分辨應該要仰賴自然發展，或是一開始就學習井然有序的方法和階段。

因此，許多人解釋自己不會唱歌或跳舞的原因，是因為從來沒有學過。但也有很多人自然而然地就會唱歌和跳舞，他們深信受過訓練的演唱家和舞者並不比他們懂得多，除非他們也是自然而然地學會，並且有較高的天賦。許多人不知道如何打鼓、不會跳高或跳遠，也不會吹笛子、畫畫或拼圖；他們不去做除了自己早期自然學習之外，沒被教導過的活動。現在他們甚至不敢嘗試自己去學習這些技藝，因為社會上已經存在了公眾認可的方法。

在他們眼中，系統的力量是如此強大，即使小時候曾經學過

的一點點東西，也會逐漸從自我意象中被抹滅，因爲他們整個人都已經被系統化、有意識學來的活動所佔據。儘管這些人對社會是非常有用的，但他們缺乏自發性，而且他們的生活，會在習得而來、專業之外的領域裡遇到困難。

於是，我們要回頭面對內在需求，來檢視以及改善我們的自我意象，因爲如此，我們就不會受困於不知不覺、隨機所建立的自我意象，而是依據自己的天生本質和天賦而活。

第三階段可能出現的問題

活動進入系統化的階段並不全然是有益的。主要的不利之處在於，許多人甚至不會嘗試去做專業的事，結果導致他們一開始，就放棄了原本人人能力可及的前兩階段。然而，系統化的階段其實非常重要，它讓我們得以依據自己個人內在的需求，找到方法來處世和行動，而這些方法或許是我們不會自然發現的，因爲環境和外在影響可能會將我們引導到其他方向，以至於我們無法持續進步。系統化的學習和覺察，應該要能提供人們一個可以審視所有領域活動的方法，如此，人們才可以爲自己找到一個安身立命之處，在那裡可以自由地行動和呼吸。

何處著手與
如何開始

Where to Begin and How

修正人性的方法

　　無論是藉由其他人的指正或自己的努力，人的一生都會不斷
面對修正人性這個難題，並被此議題佔據很多的時間。很多系統
都是針對這個目的而設計的：各種不同的宗教都試圖描繪出適當
的行為方式，來促成人性的改善；而各種不同的分析系統，亦試
圖幫助人們從根深柢固的強迫行為中釋放出來。

　　「祕傳」，也就是不公開的內部系統，施行於西藏、印度、
和日本，並且在人類所有歷史上的每個時期都有人奉行，也影響
了猶太教。猶太教的支派「卡巴拉」（cabalists，神祕主義信徒）、

「哈西迪」（Hassidim，虔誠派）和較不為人知的「慕沙運動」（Mussar，道德主義者〔moralists〕），受到禪宗和勝王瑜伽（Raja Yoga）的影響，比乍看之下來得更多。

　　一整系列暗示和催眠（無論是針對許多人或個人）的方法，在今日也是非常普遍的，已知的至少有五十種以上的方法在全世界不同的角落裡為人所用，而這些方法對於奉行者來說，就是他們所認定的「那個」方法。

人類的存在狀態

　　一般來說，可以區分為兩種存在的狀態：清醒和睡眠，但我們應該要界定出第三種狀態：覺察。在這個狀態下，一個人會清楚地知道他醒著的時候正在做什麼，就像有時我們醒過來後，知道自己之前睡覺時做了什麼夢。舉例來說，有人可能在四十歲時，因為背痛而照了 X 光，然後經過醫師診斷之後，才發現自己的一條腿比另一條短，這是很有可能的，因為一般來說，相較於覺察的狀態，清醒的狀態跟睡眠的狀態比較接近。

　　睡眠一直被認為是一個易於運用來誘發改善的狀態。法國心理學家庫埃（Coué）利用剛剛入睡的時刻進行自我暗示，同時也在睡眠中給予暗示。而在催眠中，個案被置入部分或沉睡眠的狀態，讓他比較容易接受暗示。同時某些現代的方法，亦運用睡眠來教導數學或語言，如同暗示一樣。

清醒的狀態似乎適合用於重複性和解釋性的學習過程，而非暗示性的學習。在醒著的狀態下所養成的習慣難以改變，但並不會妨礙對新事物的學習與掌握。

清醒狀態的組成要素

清醒狀態由四項要素組成：感覺，感受，思考和動作。每項要素都是構成一整系列修正方法的基礎。

感覺：除了我們熟悉的五項感官知覺，還包含「動覺」（kinesthetic sense）。動覺涵蓋了疼痛、空間中的方向定位、時間的流逝和韻律。

感受：除了喜悅、憂傷、憤怒等等熟悉的情緒之外，我們還包含了自尊、自卑、極度敏感，以及其他豐富我們人生色彩有自覺和不自覺的情緒。

思考：包含了所有的思維功能。例如：左右、好壞與對錯的對立；理解、知道自己理解、分類事物、認清規則、想像、知道什麼是感覺到的和感受到的；以及記得上述的一切，等等。

動作：包含全身和身體部分，在狀態和結構上，其時間和空間的改變。例如呼吸、進食、說話、血液循環和消化。

將四要素分開來談，是一種抽象的概念

　　只有在語言中，才能將四要素其中的任何一項抽離開來；在現實裡清醒的每一刻，人們所有的功能都是共同運作的。舉例來說，當回憶起一件事、一個人或一片景色時，你不可能不運用至少其中一項的感官知覺：視覺、聽覺或味覺，同時加上當時的自我意象來重新捕捉記憶。而當時的自我意象指的是，例如說：你所在的位置、你的年齡、外表、行為，或是愉悅或不愉悅的感受。

　　接下來，在這樣的交互作用之下，詳加關注任何一項要素，都會影響其他要素，進而影響整個人。現實裡若要修正一個人，唯有在部分和整體之間輪流交替，慢慢逐漸進步之外，並無其它實際的方法。

不同系統的差異，在理論上似乎大過實際運作的情形

　　各種改善系統之間的實際差異，在作法上並不如他們所宣稱的那麼大。無論是明示或暗示，絕大多數的系統都是建立在一種假設上：人天生的習性是可以被改變的。意思是說，人天生的習性可以被壓抑、控制或禁止。而主張人的個性是不易更改的所有體系裡，都將人的每一種特質、屬性和天賦視為如同建築物上的磚塊；認為有些建築物可能少了其中一塊磚塊，或是磚塊有

缺陷。

　　想要透過這些體系來幫助自己，必須付出多年的努力，有些體系甚至需要奉獻自己的一生。

過程的改善，不同於屬性的改善

　　這種抑制的方法，把修正變成漫長而複雜的過程。我相信這是建立在錯誤的假設上，因為我們不可能修復人們原本結構中有缺陷的磚塊，或是重新補上失落的磚頭。人的一生是持續不斷的過程，我們需要改善的是過程的品質，而不是個人的屬性或氣質。

　　許多因素會影響這個過程，而這些因素必須結合起來讓過程是流動的，且是能自我調整的。若對於這過程基本的重要原則有越清楚的了解，就越能達到更大的成效。

錯誤是用來幫助我們進步的

　　就像任何複雜的過程一樣，我們運用偏差來協助修正過程的進展，因此人在修正時，不應去壓抑、忽視或以任何強力的方式去克服錯誤和偏差，反而要藉此來引導他修正過程的方向。

修正動作是自我改善的最佳方式

之前我們已經提到了，清醒狀態的任何一項要素，必定會影響到其他的要素。選擇動作做為自我改善的主要方法，是依據以下的原由：

1. 神經系統的運作是以動作為主的

　　動作占據了神經系統最大量的運作，因為如果大腦不去啟動一連串多面向且縝密的行動來支持身體抗衡地心引力，我們就無法感覺、感受或思考；同時我們也必須知道自己是什麼姿勢，以及身在何處。為了要清楚我們在地心引力範圍內，相對於其他身體的位置，或是想要改變姿勢，我們都必須運用感官知覺、感受和思考力。

　　對於任何一種自我改善的方法來說，在清醒狀態下讓整個神經系統積極運作，都是這些方法裡的一部分，即使是那些聲稱在清醒狀態下，只涉及到四要素其中一項要素的方法，也是如此。

2. 辨別動作的品質是比較容易的

　　跟其他要素相比，對於身體組織是如何抗衡地心引力的狀態，我們是較為清楚且確定的。我們對於動作的了解，勝過憤怒、愛、嫉妒，甚至思考。因此相對於學習去辨識其他要素的品質，學習去辨別動作的品質，是比

較容易的。

3. 我們擁有比較豐富的動作經驗

　　我們每個人在動作方面的經驗和能力，是超過感受和思考的。許多人不會區分什麼是過度容易被刺激的興奮性，而什麼是感覺靈敏度，而且認為高度發展的感覺靈敏度是弱點；他們壓抑任何擾人的感受，同時避免可能引發這些感受的情況。同樣的，許多人也會抑制或打斷自己的思考。思想自由被認為是反抗普遍被接受的行為法則，而不只在宗教上如此，凡是影響民族連結、經濟、道德、性愛、藝術、政治，甚至是科學的事務，亦是如此。

4. 對於自我價值來說，有行動能力是很重要的

　　對於自我意象而言，一個人的生理構造和其行動能力，很可能比其他部分都來得重要。只要觀察某些唇部或外表的某些部分有缺陷的孩子，我們就會知道，當他已經發現自己的外表似乎與其他人不同時，這樣的發現會明顯地影響到他的行為。如果，舉例來說，一個脊椎沒有正常發育的孩子，他就會對於需要具有靈敏平衡感的動作有困難。這樣的孩子很容易摔跤，他需要不斷持續刻意地去努力，才能完成其他孩子自然而然就做得到的事。他的發展會和別人不同；他會發現自己需要先思考、做好準備，而無法仰仗自發的反應。因此行動上的

困難，會損害和扭曲他對於自我的觀感和自信，迫使他做出一些行為，去干擾自己天生傾向的發展。

5. 所有的肌肉活動都是動作

　　每一項動作過程都源自於肌肉活動。看、說，甚至聽，都需要肌肉的動作。（聽的時候，肌肉會依據所察覺到的音量，來調節鼓膜的鬆緊。）在每個動作中，重要的不只是機械力學上的協調，以及時間和空間的精確性，張力強度也很重要。肌肉長時間持續不變地鬆弛或放鬆，會讓動作變得遲緩無力；而肌肉長時間持續不變地過度緊繃，會造成抽搐和生硬笨拙的動作。這兩者不但會清楚地呈現出心理狀態，同時也會與行為的動機密切相關。

　　因此，在精神病患、緊張的人，以及自我意象不穩定的人身上，可能可以辨識出受到干擾的肌肉張力與其病徵相符合的情形；但在此同時，此人動作的其他屬性，例如韻律和時間與空間的調整，相對起來卻可能是比較令人滿意的。對於即使是未經訓練的觀察者來說，當他們在街上步行時，就算在不知道哪裡不對勁的情形下，仍然可能可以透過觀察動作強度的控制和臉上的表情，發現某人發生了一些狀況。

6. 動作反映神經系統的狀態

　　肌肉的收縮是神經系統一連串無止盡神經衝動的結果，因此，直立姿勢時的肌肉模式，以及臉部表情和發聲的肌肉模式，都反映了神經系統的狀態。神經系統啓動了外在可見的改變；所以很顯然地，如果神經系統沒有改變，姿勢、表情和聲音就不會改變。

　　所以當我們提到肌肉動作時，事實上我們指的是，啓動肌肉的神經系統衝動；如果沒有神經衝動的指引，肌肉就無法運作。在胚胎時期，雖然心臟的肌肉在控制它的神經尚未發育好之前，就已經開始收縮，但也要等到心肌的神經系統發展到可以自行調整規律化它的動作時，心肌才會以我們熟悉的方式運作。

　　由此我們可以得出一個乍看之下似乎弔詭的結論：只有在大腦和神經系統先發生改變之後，行動過程與動作才會改善。也就是說，身體行動過程的改善反映了控制中樞的改變，因爲控制中樞是最高的指揮中心，而控制中樞的改變就是神經系統的改變。因此，由於雙眼見不到腦內的變化，所以有些人會認爲外顯的表現純粹是心智的反映，而其他人則認爲這純粹是身體上的變化。

7. 動作是覺察的基礎

　　直到訊息傳達到肌肉之前，我們內在世界的運作大部分是隱蔽的、不知不覺的。一旦我們臉部、心臟或呼吸

器官的肌肉，組織起來形成某些模式，也就是我們所知的恐懼、焦慮、開懷大笑，或是其他感受，我們就會知道內心發生了什麼事。即使只需要非常短暫的時間來組織肌肉表達內在的情緒反映，我們都知道，我們可以在別人注意到之前就忍住自己的笑聲。同樣的，我們也可以不露出顯而易見的表情，例如恐懼和其他感受。

在我們覺察到自己的姿態、穩定性和態度有所變化之前，我們不會知道自己的中樞神經系統發生了什麼事，因為我們比較容易感覺到這些變化，而比較難去感覺到發生在肌肉的變化。我們可以避免肌肉洩露出我們全部的表情，因為大腦不同部位運作的速度不同，因此跟處理人類與動物共通功能的區塊比較起來，處理人類獨有功能的區塊，其運作過程要緩慢的多。也就是因為如此緩慢的過程，讓我們可能可以先判斷，然後再決定要不要行動。由於整個系統的運作會自我排序，因此肌肉會聽從指令，準備好去執行動作，或是避免執行動作。

一旦覺察到那些運用來組織表達的媒介，我們就可能偶而可以辨識出是什麼啟動了刺激。換句話說，當我們可以充分覺察到與動作相關的身體肌肉是如何組織起來時，我們就能指認出誘發我們行為的刺激，或是產生反應的原因。有時候我們可能覺察到內在發生了一些事，但是卻無法清楚指認出那是什麼，是因為在這樣的情形下，一個新的組織模式正在發生，而我們還不知道如何

去詮釋;然而當重複發生過幾次之後,我們就會熟悉這個模式,於是將可以辨識出它發生的起因,並感覺到這個過程開始時最初的徵兆。

在某些情形裡,這樣的經驗必須先反覆非常多次,我們才能辨識出來。最終,我們基本上就可以主要透過肌肉,來覺察到大部分內在發生的事。而這些內在資訊,有一小部分是透過表層傳達給我們的,表層在這裡指的是包覆整個身體的皮膚、消化道的內膜和呼吸器官的內外膜,以及嘴巴、鼻子和肛門這三個部位裡面的表層。

8. 呼吸是動作

我們的呼吸,反應了每一次情緒或身體上所花費的力氣,以及每一次所遇到的干擾;呼吸也對於身體非自主的過程(如消化、生長和營養系統等)有很敏銳的反應。例如說,甲狀腺功能紊亂,會導致某種特殊的呼吸型態,這可以成為診斷的依據。任何強烈而突發的刺激都會造成呼吸中斷,而每個人從自身的經驗中也都知道,每一次感受的改變,或強烈情緒的預期,都會和呼吸有密切的關係。

縱觀整個人類的歷史,我們可以發現世界上有很多的系統和門派,藉由改善呼吸來誘發平靜的效果。而人類的骨骼架構是建構地如此精密,以至於若骨架相對於地心引力沒有一個適合的擺放狀態時,幾乎就無法將呼吸適當

地組織起來。單獨重新組織呼吸是否能奏效，取決於能否成功地經由間接改善骨骼肌肉組織的方式，來讓我們有比較良好的站立和動作；而前者改善的程度會依據後者改善的程度而定。

9. 習慣的樞紐

最後，還有一項最重要的原因，是關於我們為什麼應該要選擇動作系統，來做為改善人們的著手點。如同之前所說的，所有的行為，是肌肉、感覺、感受和思考這四者複雜的動員。理論上，其中任何一項動作要素都是可以被替代的，但由於肌肉所扮演的角色是如此重要，以至於如果將它從大腦運動皮質的模式裡刪除，模式中的其他要素也會分崩離析。

大腦的運動皮質區，也就是大腦中建立各種肌肉啟動模式的區域，位於大腦負責處理連結程序（association processes）的皮質區上方，兩者之間相距只有幾毫米。一個人經驗過的所有感受和感覺，都會跟這個連結程序有關，也都會在這裡經過整合處理。

神經系統有一個基本的特性：我們無法在執行一個動作的同時，執行另一個與之相反的動作。在任何單一的時刻，整個系統都會達到某種廣泛的整合，這個廣泛的整合是身體當下的表達。姿勢、感覺、感受、思考，還有化學和荷爾蒙的運作過程全部結合起來，形成一個無法

切割成零星部分的整體。這個整體可能極度錯綜複雜，然而，這是當下的那個時刻此系統所整合出來的整體。

在每一次這樣的整合中，我們會變得只意識到那些涉及到肌肉和表層的部分。我們已經知道肌肉在覺察中扮演了主要的角色，除非大腦運動皮質的區域裡，已經先有了相應於肌肉系統的改變，否則肌肉系統是不可能發生變化的。若我們能以某種方式，成功地使大腦運動皮質產生改變，透過這樣的方式，模式本身或與模式的協調也會發生改變，如此，每一個初步整合裡的覺察基礎都將會蛻變。

由於大腦運動皮質和大腦中處理思考和感受的區域非常接近，而且大腦組織的運作過程，有擴散和蔓延到鄰近組織的傾向，因此大腦運動皮質層劇烈的改變，亦會對思考和感受有並行的影響。

任何一個整合模式中，只要動作這個基本要素有了根本的改變，就會打破整體的結合，於是思考和感受將無法固著在原本建立的慣性模式中。在這樣的情況下，要讓思考和感受發生改變就會變得容易得多，因為讓我們可以覺察到思考和感受的肌肉部分已經改變，不再表達我們之前熟悉的模式。習慣已經失去它主要的靠山，也就是肌肉的慣性，於是習慣就變得比較容易屈服，並接受改變。

結構和功能
Structure and Function

抽象思考僅為人類所獨有

　　我們已經說過，整個生命的過程可以被分解為四個要素：動作、感覺、感受和思考。從大部分的面向來說，最後一項要素與動作之間有很大的不同。我們也許可以接受這樣的觀點：思考，這個在人類身上所發現的形式，是人類所獨有的。雖然我們也會承認，在比較高等的動物身上，仍然可以觀察到一些靈光一閃、類似思考的東西，不過毫無疑問地，抽象思考仍是人類的專利。例如：音樂和聲理論、空間幾何學、群體理論和或然率等，除了人類的心智之外，其他物種沒有能力去想像類似於這

樣的抽象思考。人類的大腦和神經系統也有個相當獨特的結構，這個結構跟大腦其他的部分截然不同，但除了這個獨特的部分之外，人類其他部分的大腦與其他生物大腦的結構是很類似的。我們沒有篇幅來詳細分析解剖學和生理學上的差異，在這裡大致描述一下它的結構，就已經足夠了。

大腦完全個別化的部分

大腦需要在特定的化學環境和溫度中才能存活。每一個生命體都包含了一組結構系統，其功能是指揮和調節整體的化學作用和溫度，讓生命可以延續下去。這組系統是原始嗅腦（Rhinic system），提供每個生命有機體個別的內在需求。如果這些結構不完善，整個有機體就會有殘缺，或者根本無法存活。這些結構是對稱的，而且其排列位置和功能的每一個細節都是遺傳的。

內在周而復始的驅動力

所有關於讓內在重要的需求往外界表達的一切事項，都是由大腦的第二組結構系統所負責處裡的。維持身體和原始嗅腦系統的需求，創造了內在驅動力，而此驅動力便將這些需求向環境表達出來。完成這些任務的就是邊緣系統（Lymbic system），這組

結構系統負責處理所有關於個體在地心引力場的動作，以及內在
驅動力的滿足，例如：飢餓、口渴和排泄廢物。簡而言之，邊
緣系統負責處理所有的內在需求，而當這些需求不被滿足時，邊
緣系統就會強化反應；不過一旦需求被滿足時，反應就會減弱或
緩和，直到需求又再次增強，重新開始一個循環。

　　我們通常將所有不可思議的現象稱為本能，例如：鳥類築
巢、蜘蛛織網，以及蜜蜂和鴿子飛越千里之遙仍能找到回家的
路，諸如此類都是源自於這些結構的運作。

學習能力的起始

　　在這一類的活動中，人類神經系統的特殊性已經顯然易見。
結構、組織和動作大部分是遺傳的；相對之下，之前所描述的原
始嗅腦系統則完全是遺傳的，除非基本演化有所改變，否則個體
和個體之間是沒有差異的。

　　本能並不如我們一般所想的那麼固定和明確，它們會變化，
而且個體和個體之間有著小小的差異。在有些例子裡，本能的作
用很微弱，需要有一定數量的個別經驗，才能讓動作繼續進行
下去。例如，對於一個新生的嬰兒來說，直到嘴唇受到乳頭的
刺激之前，他是不會吸吮的。在某些例子裡，本能會允許自己
有相當程度的調整以適應環境；而有能力隨著環境改變而改變的
第一個徵兆——簡短地來說，就是學習能力的起始或萌生。因

此，舉例來說，當鳥類遷徙到陌生環境時，它們會讓自己習慣於使用新的材料來築巢。然而適應是困難的，而且不是所有的個體都能同樣成功地適應良好，有些終究一點也無法適應。因應新環境所需而進行本能上的調整，可能進展到某種程度，而趨近於我們一般習慣所說的理解和學習。

精細的分化是人類獨有的天賦優勢

大腦的第三組結構系統所負責處理的活動，正足以區分人類和動物的不同。這組結構是高層皮質大腦系統（Supralymbic system），此系統在人類身上呈現高度發展的狀態，遠遠超過其他高等動物。這套系統負責手部肌肉的細緻分化，因而讓操作的模式、韻律和形狀可以有各種不同、千變萬化的可能性；這組系統把人類的手，轉變成為可以演奏音樂、繪畫、書寫，或從事其他許多活動的工具。高層皮質大腦系統亦賦與口腔、喉嚨和呼吸器官的肌肉相同的敏感度，因此同樣的，分化的能力產生了各式各樣的聲音模式，於是創造了數百種的語言，以及形形色色歌唱和吹口哨的方式。

個人經驗 V.S. 遺傳

這組神經系統的結構和組織是遺傳的，不過它們功能的發

展，會依據個人的經驗而定。舉例來說，沒有兩個人的筆跡是一樣的，因為一個人的筆跡會被早期的經驗所影響：他最先學會書寫的文字、被教導的書寫方式、所使用的筆或其他工具，以及書寫的姿勢等等；也就是說，他的筆跡會取決於學習時，影響大腦運動皮質形成模式或密碼的所有相關事物。

　　一個人學習正確母語發音的過程，大幅度決定了他舌頭、嘴唇、聲帶和口顎肌肉的發育。一個人最初使用的語言，會影響他嘴唇肌肉和口腔結構之間的相對力量，而其影響之大足以延伸到，以後無論他說哪種語言，都可能可以從中辨識出他之前所說的是什麼語言，因為要調整說話器官去適應新的語調，是有某種困難的。在這個例子中，個人經驗的確會成為發展生理構造的決定因素，而且其重要性並不小於遺傳因素，這是獨一無二的特性。

對立的概念來自於結構

　　第三組系統的活動是不對稱的——右邊跟左邊不一樣，這與其他兩組系統所遵從的對稱法則相反。左右兩邊分化背後的起因，就是這個不對稱性。當右手居於主導地位時，語言中樞會在大腦的左半邊形成，反之亦然。一般認為右和左的原始對立，是我們普遍對立概念的基礎。由於右手往往執行比較多的功能，因此在許多語言中，「右」也帶有正確、律法、所有權和

權威的意涵。例如：英語的「right」、俄語的「pravo」、德語的「recht」和法語的「droit」。

原始的思考模式傾向於讓好壞、黑白、冷熱、明暗相互對立，並以相反或衝突的觀點來看待彼此之間的關係。而在發展較為成熟的思考裡，很難在任何真實的意義上，賦與這些概念完全對立的意涵。例如說，黑暗和寒冷，並非光亮和熱度的相反：沒有光線的地方就是黑暗。而熱與冷之間的關係就更為複雜了。

可逆與不可逆的現象

相較於前兩組系統，第三組系統與情緒中樞之間的連結要薄弱的多。強烈的情緒，例如憤怒或嫉妒，會干擾這套精細的新系統（這第三組系統在演化歷史上是最後出現的）的運作，讓思考陷入混亂。然而，跟感受完全沒有連結的思考，是脫離現實的。大腦運作的本身是不偏不倚或中立的，而且對於矛盾論述的處理，大腦有同樣好的能力。為了挑選出一個想法，至少必須感覺到這個想法是「對」的，也就是說，這個想法跟現實是有所呼應的；當然，在這裡所說的對，是主觀的現實。當這個「對」跟客觀的現實有所呼應時，這個想法就會成為一般人普遍的價值。

這裡有兩項陳述：「登上月球是可能的」和「登上月球是不可能的」。光是單獨依靠大腦運作，我們是無法從中擇一的，因

爲這兩者都可被接受。不過單單是現實經驗的本身，就能將「正確」這個屬性，賦予給一個想法。好幾世代以來，現實否決了前一句的陳述，因此「活在月球上」這句話，往往用來表示對方的心智脫離了現實。

如果純粹只透過大腦運作的方式去想，大部分的過程都可以很輕易地被逆轉，可逆如同不可逆，兩者之間並無分別。而在現實中，絕大部分的過程都是不可逆轉的：已經點燃的火柴無法變回一根完整的火柴；大樹無法還原成幼苗。

跟時間有關的過程無法逆轉，因爲時間本身是不可逆轉的。的確，無論什麼樣的過程，其實只有很少數的過程可以逆轉，也就是說，可以循著原路、沿著過來的步伐退回出發點，恢復過程啟動之前存在的狀態。與現實毫無連結的大腦運作並不構成思考，如同隨機的肌肉收縮並不構成行動或動作一般。

思考與行為之間的延遲是覺察的基礎

與前兩組較爲古老的系統相比，第三組大腦系統裡面的神經路徑比較長，也比較精細複雜。雖然第三組系統有直接去控制執行機制的路徑，然而它大部分的運作，還是透過前兩組系統來執行。間接的過程造成了行爲的延遲，因此「思而後行」並不只是一句成語。

在「高層皮質大腦系統」所形成的想法和身體執行想法之

間，有一段延遲的時間。這段在思考過程和思考轉譯為行為之間的延遲，其時間的長度足以讓抑制行為成為可能。這樣的可能性，指的是「先創造一個行動的意象，然後延遲其行為的執行——延緩行為和抑制行為，兩者同時進行」，而這個可能性即是想像力和智識判斷的基礎。

這組系統大部分的行動，是由比較古老的兩個系統來執行的，因此其行動的速度也就受限於古老系統的速度。舉例來說，理解文章的意義，不可能比眼睛掃過頁面閱讀的速度還要快；思想的表達，無法快過於用語言把它說出來的速度。由此可見，比較快速的閱讀和語言表達，是快速思考的手段之一。

任何特定行為其思考模式的創造和執行行為之間，可能出現的一小段停頓的時間，這樣的生理機制，正是覺察的基礎。這樣的停頓讓我們得以檢視，當行為意圖形成之時，以及執行行為之時，我們內在發生了什麼事。延遲行為的可能性——意圖以及其執行行為之間那段時間的延長——可以讓人們學習去了解自己。不過，由於將我們內在驅動力付諸行動的系統是機械化的，而它們在其他高等動物身上，也是以同樣的方式在運作——因此我們所需要了解的，仍然還有很多很多。

做，並不表示瞭解

執行一個動作，絕對不證明我們瞭解自己正在做什麼，或

知道如何去做，即使只是表面上的瞭解。如果我們嘗試帶著覺察去執行一項行動——也就是說，以仔細關注細節的方式跟隨著過程，我們很快就會發現，即使是最簡單和最常見的動作，例如從椅子上站起來，也是難以理解的奧祕，而且我們會完全不了解這是如何完成的：我們收縮了腹部或背部的肌肉嗎？我們是先繃緊雙腿，還是先把身體往前傾的呢？眼睛在做什麼，或是頭在做什麼？我們很容易就可以證明人們其實並不知道自己正在做什麼，如果一直問或繼續證明下去，最後就會讓他陷入一個完全無法從椅子上站起來的地步。因此在沒有選擇之下，他只好回到習慣的方式，也就是下令自己站起來，然後留給內在專門處理這方面的組織，用順應它們的方法去站起來，也就是他一如往常的做法。

因此我們或許明白，我們得要耗費某種程度的努力，才能獲得對自我的了解，而且這個過程甚至可能會干擾行動的執行。思考以及知道的理解力，是慣性機械自動化行為的敵人。這項事實在一則古老的寓言中就已經有所明示了：當蜈蚣被問到他是按照什麼順序來移動他那麼多的腳之後，他就忘記要怎麼走路了。

覺察讓行動可以配合意圖

一個人在做一件事情時，只要問問自己正在做什麼，往往就足以讓他感到困惑而無法繼續下去，而在像這樣的例子裡，

一個人會突然醒悟到，他的所作所為其實並沒有真正呼應他以為自己正在做的事。當缺少被喚醒的覺察時，即使這項行為的意圖，是來自比較高層的第三組系統，但我們所表現出來的，其實是比較古老的兩個大腦系統按照自己的方式來執行的。不僅如此，這樣的事件所發生的頻率多到足以證明，行為往往剛好與原意相反。當行為的意圖來自與情緒連結微弱的高層系統，而觸發的行為是由與情緒強烈連結的低層系統執行時，就會出現這樣的情形；因為相較於高層系統，低層系統的神經路徑較短、速度較快，也因此縮短了意圖和行為之間的延遲。

在這樣的情形下，由於低層大腦系統較迅速的自動反應以及較快速的行為，導致強烈情緒發生時，與之連結的行為幾乎是立即被執行的；同時，跟思考相連結的部分（來自高層系統）則姍姍來遲，往往要等到行為幾乎完成，甚至結束之後才會出現。大部分失言或說溜嘴就是這樣發生的。

覺察不是生命必要的

比較古老的兩組系統——原始嗅腦系統和邊緣系統，在大部分的人身上都是相互協調、和諧運作的。這兩組系統可以滿足人類的基本需求，執行人類所有的行為，包含我們歸屬於跟智力相關的部分。身為高度發展的人類這種動物，即使是社會生活，也不是非有高層皮質大腦系統才能夠進行。蜜蜂、螞蟻、猴子

和群居動物，雖然沒有覺察力，但也依然在社會系統下生活。其中一些社會體系是相當精細的，包含人類社會中大部分的基本功能：照顧下一代、由國王統治、與鄰居交戰、防禦家園、剝削奴隸，以及其他的聯合行動。

覺察是演化上的新階段

在人類身上高度發展、遠勝於其他動物的上層大腦系統，讓覺察成爲可能。也就是說，讓我們對天生有機的需求有所認知，並選擇方法來滿足這些需求。因爲這套系統的本質，讓覺察賦予我們判斷、分辨差異、歸納、抽象思考、想像等等的能力，以及還有其他更多的能力。覺察我們天生有機的驅動力是人類自我認識的基礎。覺察以下兩者之間的關係——這些天生有機的驅動力，與其來自於人類文化形成的淵源——提供了人們潛在的方法，來引領人生的方向，然而只有極少數的人會對此有所領悟。

但我相信我們正活在歷史上稍縱即逝的轉型階段，而這階段裡，正預告著：那些是「眞正的人類」的人，即將誕生。

進 展 的 方 向

The Direction of Progress

　　每個人都擁有兩個世界：一個是自己的個人世界，而另一個是我們所有人一起共有的外在世界。在我個人的世界裡，只有當我活著時，宇宙和所有的生物才會存在；我的世界隨我而生，同我一起死亡和消逝。在我們所共享的這廣大的世界裡，我不過是大海中的一滴水，或沙漠裡的一粒沙；我的生死對於這廣大的世界來說，幾乎毫無影響。

　　就某種程度來說，一個人人生的目標就是他的私人事務。有人夢想幸福，有人夢想財富，有人夢想權力，有人夢想知識或正義，還有其他人夢想平等。然而，人類整體生命的目的到底是什麼，我們卻一點也摸不著頭緒。唯一擁有合理基礎，同時

也是所有科學都接受的概念是，生物的發展是有方向性的，而人類位於這個發展階梯的頂端；這個演化的方向也許可以詮釋為人類整體生命的目的。

在前一章詳細描述人類神經系統的結構時，我們已經看到了這個目的。較古老的大腦運作過程和動作，發展於演化早期的階段。

我們看到發展的方向是：藉由增強覺察力，來引導較古老的大腦運作過程和動作，讓它們增加多樣性，也同時抑制或加速它們的運作。我們自己在無意間理解了這個傾向，因為我們觀察到有些藝術家或科學家或許在他們的領域裡非常有才華，但卻少了讓他們成為「完整的人」的某些元素。

意識和覺察

所有比較高度發展的動物都有相當程度的意識。他們瞭解自己的生活環境，以及自己在家族或族群中的地位；他們可以相互合作以保衛家族或族群，甚至會幫助部族中的某一個成員，這或許表示他們可以辨識什麼是對鄰居有益的事。人類不僅先天具有較為高度發展的意識，而且也擁有獨特的抽象思考能力，讓他得以分辨，同時理解當他運用這種能力時，內在發生了什麼事。因此，他可能可以知道自己對於某件事情是知道還是不知道；對於他所知道的事情，他可以分辨是了解或是不了解。他有能力進

行更高階的抽象思考，於是能預估自己的抽象能力，以及其延伸的應用。他可以分辨自己是否充分運用了覺察力來認識事情；以及他也明白自己是否對於某些事情是不了解的。

雖然在語言使用上，意識和覺察的界線並不清楚，但這兩者之間其實存在著一個相當重要的差異。我可以走上屋內的樓梯，完全意識到我在做什麼，然而並不清楚我爬了多少階樓梯。為了知道階梯的數目，我必須再爬第二次，邊爬邊注意、邊聆聽自己，同時數算階梯的數目。覺察是，意識加上知道意識內發生了什麼事，或是說，當我們有意識時，理解自己內在進行的事。

許多人發現，意識到自己對隨意肌（可以隨著人的自由意志來控制的肌肉）、思考和抽象過程的控制是容易的；然而相對來說，要意識到並讓不隨意肌、感官知覺、情緒和創造力在掌控之中，就困難得多。儘管這是困難的，但絕不是不可能的，雖然對很多人來說這似乎是無法做得到的事。

我們是以一個完整的個體來行動的，即使在這個整體還不那麼完美的時候。於是由此萌生出了一些可能性，也就是說，當在比較困難的部分，也同樣發展覺察控制時，就會出現一些可能性。除此之外，容易控制的部分發生改變也會影響系統的其他部分，包含那些我們無法直接掌控的部分。簡言之，間接的影響也是一種控制。因此我們所做的是一種訓練的方法，將這種原本是間接的影響，轉變成清楚的認知。

我們從本書一開始談到現在，也許應該說得更清楚，我們所談論的是意志力和自我控制的訓練，不過我們的目的，並不是為

了獲得操控自己或是操控別人的力量。自我修正、改善、覺察訓練等，以及其他概念，已經在這裡被我們用來描述「發展」這個觀念的各種不同面向。「發展」強調的是結構、功能和實現這三者之間和諧的協調運作；而和諧協調運作的基本狀態，就是完全的自由，完全從自我強迫或別人的強迫中釋放出來。

　　一般來說，常態的發展是和諧的。發展時，每個部分都會成長、改善和加強，以讓完整的個體可以持續朝向整體的目標邁進。正如孩子在和諧發展和成長的過程中，會出現新的功能一般，在任何和諧的發展中，也會有新力量的產生。

　　和諧發展不是件簡單的事。讓我們舉抽象思考來做例子，乍看之下，抽象思考似乎完全是個優點；然而，若要談到和諧發展，抽象思考就會帶來許多缺點。抽象是語言表達的基礎；字詞象徵了它們所描述的意義，如果不能將字詞所代表事物的性質或特徵抽象化，就創造不出字詞。很難想像有任何人類的文化會沒有字詞。在科學和所有社會的成就中，抽象思考和語言表達占據了最重要的位置；不過同時，抽象化跟語言表達也會成為暴君，剝奪了個人具體的真實情況；也就是說，這樣的結果反而會造成嚴重的干擾，破壞了大多數人類活動的和諧，其干擾的程度不但大到與身心疾病之間只有一線之隔，而且也會導致早衰。當語言的抽象化變得越來越成功、也越來越有效率時，人們的思考和想像，與自己的感受、知覺感官甚至動作之間，也會變得越來越疏離。

　　我們已經知道，用來思考的結構和承載感受的結構之間有鬆

散的連結；而只有當會扭曲客觀性的強烈感受缺席時，才能產生清楚的思考。因此，要發展有效思考的必要條件是，持續從感受和本體感覺中抽離出來。

對個人來說，即使有效的思考是干擾因素，然而跟不和諧的發展比較起來，和諧的發展更爲重要。與自己其他部分切割開來的思考，會漸漸變得貧瘠；主要以字詞來進行的思考，並不會從與感受有緊密連結、演化上較爲古老的結構程序中來汲取內容；充滿創意的自發思維，必須維持一個與初期大腦結構之間的連結；無法從我們內在深層資源時時獲得滋養的抽象思考，會成爲純粹文字的編織，而缺乏所有眞摯的人性內涵。很多關於藝術和科學、文學和詩歌的書籍，除了透過邏輯思辨將一個個字詞串連起來之外，別無他物，它們沒有個人的內涵。而這樣的情形，也同樣可應用於許多人與別人之間的日常關係。無法與自己其他部分和諧發展的思考，會成爲一個人良好發展的障礙。

和諧發展是令人渴望的，這個結論也許似乎無足輕重。但如果我們只考慮上面這句話的抽象和邏輯的意涵，就仍然是跟「整個人」有所分離，如同其他任何只講究邏輯的語言表達一樣，缺乏實質的重要意義。不過，唯有當我們能激發自己的情緒和感官知覺以及直接印象時——也就是當我們以意象思考，以多元的心智組合思考時——這個無足輕重的結論，才會成爲形式、圖像和關係取之不盡的資源，並由此出現新組合和新發現的可能性。而也就是這樣的思考，才必須披上言語的外衣，跟我們的同伴們建立人與人之間的聯繫。

　　在每一個有長遠歷史的物種身上，都可以發現和諧的發展，而這種發展會伴隨著許多的困難。以人類為例，由於在演化階梯上，覺察相對來說是比較近期的發展。動物、類人猿和最早人類的發展，需要感覺、感受、動作，以及最低限度的思考，也就是記憶和一點點的意識——所有這些，都是讓清醒狀態有別於睡眠狀態的必要因素。

　　沒有覺察力的動物除了四處遊蕩之外，並沒有任何更為顯著的意義。而在演化的長河中，當覺察力出現在人類身上時，朝向一個方向如此簡單的動作，便成為了「向左轉」，而另一個方向則是「向右轉」。

　　我們很難體會到這項事實的重要意義，因為對我們來說，這似乎是件簡單的事，就如同對眼睛來說，具有「看」的能力似乎是如此的簡單。不過只要稍加思考就能看出，事實上「分辨左右」和「看」，這兩種能力是同樣的複雜。當人能區別左右時，他是依據自己的定位來劃分空間的，他把自己當成中心，從這裡將空間延伸出去。這種對於空間的區分感，還無法在我們的覺察中完全清晰時，往往會以「在我的右手邊」和「在我的左手邊」來表達。以此為基礎，「右」和「左」的概念得以更進一步地抽象化，於是我們現在便能以文字來作為表達的工具。逐漸地，符號變得越來越抽象，最終可能建構出如同現在我所寫下的這個句子。要讓覺察力增進一小步，例如對於右和左的理解，人類必定曾經在某個時刻，當移動時，讓注意力在他內在世界、以及外在世界所發生的事物中輪流交替。這個內在與外在之間注

意力的轉換，產生了抽象概念和字詞，來描述相對於外在世界時，個人世界位置的轉換。顯然地，這樣覺察的發展，必定得承受相當巨大的「生產痛」，而最初覺察曙光乍現的時刻，必定讓我們的祖先感到困惑萬分。

由於從演化的角度上，覺察是如此嶄新的能力，因此覺察的程度會因個體的不同而有極大的差異，其差異遠超過其他天賦才能的分布狀態。此外，個人的覺察，以及覺察與人格中其它面向間的相對價值，也會有巨大的週期性變化。或許會遇到低點，在這時覺察會暫時消失，或消失一段時間。比較罕見的是，或許會到達高點，出現了和諧的一體化，於是這個人所有的能力便融合成一個完整的個體。

在密教的學派中，流傳著一則西藏寓言。依據這個故事，一個沒有覺察的人就像一輛馬車，乘客是慾望，肌肉是馬匹，馬車本身是骨骼，覺察就像睡著的車夫，只要車夫一直在睡覺，馬車就會漫無目的地被拖著到處遊蕩。每位乘客追尋不一樣的目的地，而馬匹拉著馬車奔往不同的方向。唯有當車夫清醒過來握住韁繩時，馬匹才會拉著馬車，將每位乘客送到合適的目的地。

當覺察成功地與感受、感覺、動作和思考合為一體的時刻，馬車就會奔馳在正確的道路上。於是這個人就可以去發現、發明、創造、創新和「知曉」。他明白自己的小世界和周圍的大世界是一體的，而在這個整合的一體之中，他不再孤單。

第 二 部

做以理解：
十二堂實作
課程

Doing to Understand: Twelve Practical Lessons

　　這十二堂課，是多年來費登奎斯學院所提供的上千堂課程中挑選出來的。這些課程並不代表學習的順序，而是挑選出來闡釋費登奎斯系統的重點，以及用來傳達這些重點的技巧。這些課程的練習，會涵蓋整個身體以及身體重要的活動。

　　嘗試這些課程的學員，應該每天晚上睡前做一堂課。幾個星期之內他們將發現：生命所有重要的功能獲得相當程度的改善。

整體的觀察
General Observations

能力的改善

費登奎斯課程的設計是爲了改善能力，也就是擴展可能的疆界——讓不可能的成爲可能；讓困難的成爲容易；讓容易的成爲愉悅。因爲只有當這些活動是輕鬆和令人愉悅時，它們才會成爲人們生活習慣的一部分，而且能隨時爲其所用。那些難以執行、導致人們必須強迫自己去克服內在抗拒的動作，永遠也不會成爲日常生活的一部分；而當人們逐漸老去，便會完全喪失執行這些動作的能力。

舉例來說，我們很少看到一個超過五十歲的人去跳圍籬，即

使圍籬很矮。當年輕人直接輕鬆跳過去的同時，這個超過五十歲的人通常會找繞過圍籬的路去走。

這並不表示我們應該避免所有看似困難的事，也不表示絕不用意志力去克服障礙；換言之，對於以下兩者，我們應該要清楚地去區辨：什麼是爲了要「改善能力」，而什麼只是「爲了克服而克服」。更進一步來說，我們應該要善用意志力來改善我們的能力，如此最終，我們將可以在瞭解自己的情形之下，輕鬆地執行動作。

能力與意志力

當能力增強到某種程度時，需要運用意志去努力的程度將會隨之減少；那些爲了提升能力所需要的努力，爲我們的意志力提供了充分且有效的練習。如果你仔細思考這件事，你會發現，大多數擁有強烈意志力（僅爲了鍛鍊而鍛鍊的意志力）的人，相對來說，也是能力比較貧乏的人。因爲懂得如何有效運作的人，行動時是不需要太多準備的，也不會大費周章。相反的，擁有強大意志力的人，傾向於使用過多的力氣，而不是較有效率地使用適當的力氣。

如果你主要依賴的是自己的意志力，將會發展造成勞損的能力，而且會逐漸習慣於用極大的力氣去做那些其實只要更少的力即可完成的行動；當然，能省力的先決條件是，之前需要經過逐

步漸進、以及被適當引導的過程。

　　這兩種運作方式通常都可以達成目標，但是前者可能會帶來相當大的傷害。因為那些沒有轉換成動作的力量不會憑空消失，而是會散入關節、肌肉以及其他使力的身體部位，並造成傷害。沒有轉換成動作的力量會化為系統內部的熱，並引發一些改變，這些改變會有一種特性，就是系統若要再度有效地運作，必須先修復這些改變。

　　任何只要我們能做得很好的事，對我們來說，似乎就不會很困難。因此我們甚至可以大膽地說，那些動作我們覺得做起來困難，就是因為做得不對。

要了解動作，我們必須去感受，而不是費力勉強去做

　　為了學習，我們需要時間、注意力和區辨力；為了區辨，我們必須去感覺。意思是說，為了要能夠學習，必須讓我們感覺的能力變得敏銳，而如果我們試圖僅靠蠻力一味用力去做大部分的事，我們所達到的，就會正好與我們所需要的相反。

　　學習行動時，我們應該要能自由地將注意力放在我們內在發生的事情上，因為在這樣的情形下，我們的心智將會保持清晰，呼吸也會容易控制；也沒有因壓力而產生的緊張。當學習是在使盡全力的狀態下進行，而且即使是這樣也似乎還不夠時，就再也沒有任何的方法可以去加速行動，或是使之更強或更好了，

因為這樣的人已經達到他能力的極限。在這個時候，不但呼吸無法自由、有多餘的費力、觀察力很微弱，同時也沒有改善的希望。

關於這些課程，讀者會發現建議的練習本身很簡單，只涉及到一些容易的動作。不過這些動作，是特意以一種方式來進行的，也就是讓做課程的人能夠去發現自身的改變，即使只是做完第一堂課。

敏銳的區辨力

「愚笨的人無法感覺。」希伯來的智者說道。如果一個人不去感覺，他就不能感受到差異，那當然也就無法區分這個動作與那個動作的不同。不具有這種區辨的能力，就不會有學習，也必然無法增強學習的能力。這不是件簡單的事，因為人類的感官知覺跟產生知覺的刺激是連結在一起的，因此當刺激最小時，就會有最精細的區分。

如果我舉起一根鐵棒，當一隻蒼蠅降落在上面或飛走時，我都不會感覺到任何差異。但相反的，當我拿著一根羽毛，有一隻蒼蠅停在上面，我應該會感覺到明顯的差異。而所有的感官知覺──聽覺、視覺、嗅覺、味覺和冷熱，都是依據同樣的原理。

書中介紹的練習，目的在於減少動作上的費力，因為要辨

識力量微小的變化，首先就必須減少力量本身的使用。只有增加感覺靈敏度，以及提升感覺差異的能力，才可能改善動作的控制，讓動作變得更精巧。

習慣的束縛

即使那些不完善的姿勢或動作習慣已經被清楚地辨認出來了，但要修正它們仍然是極為困難的。錯誤和錯誤在動作中呈現的方式，兩者都必須被修正，但我們需要堅持不懈的持續性和足夠的知識，才能讓我們依據我們所了解的去動作，而非依據我們的習慣。

如果一個人站著時，習慣於過度把腹部和骨盆向前凸，他的頭就會往後傾斜，於是相對於良好的姿勢來說，他背部的弧度就太大了。但如果後來他把頭向前移，骨盆往後推，他就會覺得自己的頭向前傾，而且骨盆太後面了，對他來說這個姿勢似乎不太正常，於是最後很快地，他就會再回復到原來習慣的姿勢。

因此若想要改變習慣，光是單獨依賴感覺是不可能的。必須要刻意用心，直到調整過的姿勢不再覺得不正常，而且變成新習慣為止。只要曾經試過的人都知道，改變習慣比我們想的要困難得多。

邊做邊想

在我的課堂中，學員學習聆聽我的引導，同時實際做練習，並且在不停止動作的情形下進行必要的調整。以這種方式，學員學習同時邊做邊想，邊想邊做。有些人做事的時候會停止思考，而想思考的時候就會停止動作，對他們來說，能邊做邊想，是能力向上一步的提升。（有經驗的駕駛人在開車的時候，可以輕鬆執行指令，然而初學者要做到這點就有困難了。）

為了要從這些練習中獲得最大的益處，讀者必須試著在不停止前一個練習的情形下，預先設想下一個練習的引導。也就是說，他必須持續正在進行的動作，同時準備好去想下一個動作。

擺脫浪費能量的動作

一台有效率的機器，它所有的零件都會精準地安裝在正確的位置上；所有的零件都上好了油，連接處沒有砂粒或灰塵；而且不但所有的燃料都會完全轉變成動能、達到熱力學上的極限，也沒有噪音或震動。這意思是說，一台有效率的機器，不會有任何能量浪費在那些降低機器運作效能、一無所用的動作上。

我們即將展開的練習，就是為了達到上述的狀態，逐漸去除一個人動作模式中所有多餘的動作，以及去除那些所有妨礙、干擾，或與之相對抗的動作。

在今日普遍被接受的教學系統裡，都強調要不計一切代價地
去達成特定的目標，但事實上，卻忽略了到底有多少凌亂、缺
乏組織且分散的努力在這過程中流失。當用來思考、感覺和控制
的器官，沒有組織起來進行協調、連續、流暢、且有效率——
因此也是愉悅——的動作時，我們就是盲目、無區辨力地，把
那些在這動作中根本不必要、甚至對動作造成干擾的身體部位
牽扯進來。其中一項結果就是，往往我們在進行某種動作的同
時，也同樣地在進行與之相對抗的動作。只有運用心智上的努
力，才能讓這些朝向目標的身體部位，去戰勝其他造成干擾、
使之挫敗的部位。不幸的是，在這種情形下，意志力可能會掩
蓋一件事，就是我們其實缺乏恰當執行這個動作的能力。因此正
確的方式是，我們要學習去排除那些與目標相對抗的力氣；而只
有當必需如同超人般努力的時候，我們才去動用意志力。

當讀者已經從自己的經驗中親身證實這點之後，我們會再回
過來討論。到那時，讀者就可以沿著自己所嚮往的道路邁進。

練習時的呼吸韻律

若每一堂課程是適當進行的話，結束時，你應該會覺得心曠
神怡且輕鬆自在，如同好好睡了一覺或好好休假之後。如果沒有
出現這樣的情形，大概是動作做得太快而沒有注意到呼吸。

練習的速度，永遠要依據呼吸的韻律來調整，而隨著身體從

整個組織中的獲益，呼吸會自動依據不同的動作來自我調整。

動作的速度

你第一次試著做課程時，應該要像引導說明的那樣緩慢地做；等到你完成所有的課程要進行第二次時，那些做起來流暢、輕鬆容易的部分就應該加快速度；到最後，你應該要能從「盡可能的快」到「盡可能的慢」，並且在這兩個速度之間做各種速度的變化。

一些
實用的提示

Some Practical Hints

什麼時候練習

　　最好的練習時間是晚上睡前，不過要在用完餐最少一小時之後；完成練習後請盡快上床睡覺。這麼做其中一項最重要原因是，在經過一天的工作和憂慮之後，做這些練習會紓緩你心智和肌肉的緊繃，而且在這樣的情形下入睡，可以讓你得到比較充分的休息，並恢復元氣。

　　當你醒來時，在床上伸展個一分鐘或更久，同時試著回想前一晚你做課程的整體感受，花點時間去複習你所能記得的兩三個動作是很值得的。在日常生活中做其他事情的同時，回想一下課

程，看看你是否能指認出這堂課程所帶來的任何改變。

　　白天時撥出固定的時間做這樣的練習，即使一次只有幾秒鐘都沒關係。每一次回想做過的課程之後，這些練習就會在你腦海裡變得更穩固。

　　當練習成為每天的習慣之後，你就可以在任何你覺得最方便的時間進行。

要花多久時間練習

　　每堂課所需要花費的練習時間，取決於個人的速度。在剛開始的幾堂課裡，每個動作所需重複的次數，大致會決定課程進行時間的長度。一開始時，每個動作重複 10 次；隨著你的進展，可以依據課程本身的引導增加到 25 次；在經過一段時間之後，可能而且會想要重複一個動作幾百次。做動作時，盡可能以最慢和最快這兩種速度來進行。不過請記得，速度快並不表示著急匆忙。

　　從以上所述我們可知道，前面幾堂的練習大約要各花 45 分鐘左右，而後面的練習可能只需要 20 分鐘左右。等到練習慢慢成為每天的功課之後，一堂課的時間，可從只花一分鐘想一想到自己選擇想花多少時間來練習都可以。

在哪裡練習

選一個鋪了地毯或墊子的地板來做練習，這個空間必須夠大，能讓你的雙手臂和雙腿可以自由地向左右兩邊伸展，而不會碰到家具或其他東西。如果一開始你不習慣躺在地上的話，可以墊一層厚毯子，或有必要的話也可以在床上練習。

穿什麼衣服

衣服穿得越少越好。無論在什麼情形下，都要確定你的穿著是舒服的，不會干擾你的動作或呼吸，也就是說衣服不要太緊，而且背部沒有鈕扣或拉鍊。

如何進行練習

如果你是單獨練習，而且必須自己閱讀的話，最好一次做一小部分。讀一小段足以讓你知道該做什麼的引導，然後就可以開始了。等到你依照導引重複做 25 次之後，讀下一段，然後繼續練習，如此一段一段地進行課程。這樣練習課程的方式會花比

較久的時間，所以最好將課程分段、分次進行。當你學會一堂
課的所有動作，而且不再需要引導之後，你就可以把每段串聯起
來，一次做完整堂課程。[1]

第一課：

什麼是良好的姿勢？

What is Good Posture?

良好的站姿不是站得直挺挺的

「坐直！」「站直！」媽媽、老師和其他人常常這麼說，他們善意地給予這樣的指令，而且對於他們所說的話充滿了信心。但如果你問他們，一個人要怎麼樣才能坐得直或站得直時，他們可能會問說：「你是什麼意思？你不懂『直』的意思是什麼嗎？直就是直啊！」

有些人的確是直直地站立和走路，他們的背是挺直的，頭是抬高的。當然他們的姿勢裡含有「站直」的元素。

如果你觀察那些被要求坐得直或站得直的小孩或大人，很明

顯地，他同意自己主導身體的方式有問題，於是他會很迅速地試著去把背挺直，或把頭抬高。他這麼做，心裡想著，在這樣的調整之後，自己就已經達到應該要有的姿勢了；但若沒有持續有意識地去努力，他是無法維持這個所謂「正確的」姿勢的。只要他的注意力轉移到那些必要的、急迫的或有趣的活動時，他的身體就會回到原來的姿勢。

幾乎可以肯定的是，他不會試著再度「讓自己直挺挺的」，除非有人提醒，或他自己發覺已經忽略了這個指令。

「直」，我們指的是「垂直」

當我們說到站直的時候，我們幾乎指的都是垂直。如果我們以「理想骨架」，這個著名的解剖學者阿比努斯（Albinus）所建構的概念來檢視時，我們將會發現，其實只有兩小區域的排列，是大約呈現垂直的狀態：位於頸部頂端，以及胸腔和髖部之間的幾節椎骨。整付骨架裡的其他骨頭，其實都不在完全垂直的位置（不過，有時手臂的骨頭大約會是垂直的）。因此，當我們說直的時候，很明顯地，其實我們說的是不同的事，因為當「直」這個字用於這樣的情形下，事實上我們並不清楚這個字精準的意思是什麼。

「直」是一個美學的概念

「直」這個字會產生誤導。它並沒有代表我們需要做什麼，甚至沒有說清楚當改善之後，我們應該期待的是什麼，或是我們應該會看到什麼。在討論姿勢時，使用「直」這個字，純粹是美學上的意義，但由於這個字既不實用也不精確，因此並不能做為修正錯誤的準繩。

幾何學意義上的「直」，也沒有提供比較實用的幫助，因為那是靜態的。無論身體的哪個部位，都可以藉由保持同樣的姿勢靜止不動、不需任何改變來實現幾何學上「直」的意義。

我們只要想想下面的例子，就能充分體會「直」的公認意涵和良好姿勢之間是多麼沒有交集。有一個人的背部摔斷了，沒有辦法把背挺起來，那麼他要怎麼坐或站呢？一名傷殘人士真的沒有辦法適當地、有效率地和優雅地使用他的身體嗎？就這方面來說，許多傷殘人士使用身體的能力比健康的人還要好。有一些人的骨骼結構雖然嚴重受損，但他們在動作上所展現的力量、精準和優雅是出類拔萃的，唯獨「直」這個概念一點也不能套用在他們身上。

骨架、肌肉和地心引力

只要不違反自然法則，所有姿勢本身都是可以接受的，而這

裡所指的自然法則是：「骨骼結構」應該與「地心引力向下的拉力」相抗衡，如此，就能讓肌肉自由地去動作。即使地心引力往下拉，但骨骼不需耗費更多能量（物理學的能量）仍可往上支撐身體；而神經系統和骨架就是在這樣的地心引力影響之下一起發展的。反過來說，如果肌肉必須負擔骨骼的工作，不僅消耗了不必要的能量，還會阻礙肌肉執行自己主要的工作——改變身體姿勢，也就是動作。

在不良的姿勢中，肌肉負擔了骨骼一部分的工作。為了要修正姿勢，去發現「哪些是扭曲神經系統對地心引力反應的因素」是很重要的。只要人活著，人體整個系統的每一個部分，都必須隨著地心引力而有所調整。

為了要對這個問題有一點實際的了解，我們必須檢視和釐清上述所使用的概念。首先讓我們來看看，系統對於地心引力會有的正確反應是什麼。

放鬆：一個常被誤解的概念

讓我們來看看下顎這個地方吧。當不講話、不吃東西或不做某些需要嘴巴的事情時，大部分的人都會把嘴巴閉起來。是什麼讓下顎往上，緊緊地與上顎密合在一起呢？如果現在變得如此流行的放鬆是正確的話，那麼下顎就應該會自由下垂，而嘴巴也應該會維持在張開的狀態。但是這種終極放鬆的狀態，只有在天生智

能障礙的人身上會看到，或是在驚嚇到癱瘓的狀況下才會發生。

　　了解一個重要的身體部位，如我們的下顎，如何能在當我們醒著的時候，被肌肉持續不休息地提供支持而保持往上閉合的狀態，是非常重要的；然而，我們卻一點也感覺不到自己到底做了什麼事能讓下顎往上合起來。為了讓我們的下顎能自由下垂，事實上，我們必須學習的，是去抑制相關的肌肉。如果你試著放鬆下顎，直到下顎本身的重量讓嘴巴完全張開，你會發現其實這並不容易。當你成功做到時，你會觀察到臉部和眼睛的表情也會改變。很可能在這個實驗結束時你會發現，你的上下顎平常閉得太緊了。

　　或許你也會發現，這種過度緊繃的來源。在上下顎已經放鬆了之後，注意看看張力又重新回復到原來的狀態，至少你會發現，人們對於自己的力量以及對於自己整體的認識，其實是這麼的少。

　　這項小實驗的結果，對於感覺敏銳的人來說可以是很重要的，重要的程度甚至超過他注意自己的事業，因為當他發現什麼是降低他大部分活動效率的原因之後，他謀生的能力或許會因此而改善。

不被覺察的抗地心引力肌肉運作

　　下顎並非身體中唯一不下垂到它極限的部位。例如說，頭也

不會往前垂落。相對於頭的後面來說，臉和頭顱的前面是比較重的，而頭的重心是坐落在脊椎支撐頭那一點的前面（大約在兩耳之間）。儘管頭有如此的結構，但它並沒有往前垂落，顯然一定是因為系統中的某種組織方式能支撐它往上。

如果我們完全放鬆脖子後面的肌肉，那麼頭就會下垂到可能最低的位置，這時，下巴就會碰到胸骨。然而，當脖子後面的肌肉收縮，把頭往上舉起時，我們並不是有意識地在出力。

當站立的時候，如果用手指去觸摸小腿肌肉（小腿後面大約中間的位置），你會發現它們強烈地在收縮。如果小腿肌肉完全放鬆時，身體就會向前傾倒。在良好的姿勢中，小腿骨會與垂直方向呈微微前傾的小角度，同時小腿肌肉的收縮能預防身體迎面仆倒。

我們站立著，卻不知是如何做到的

因此，當肌肉正在對抗地心引力時，我們並不會覺察到它們正在從事任何的工作或活動。只有當我們干擾或加強這些肌肉的運作，也就是在清楚的意識中自主做出改變時，我們才會覺察到這些抗地心引力的肌肉。因為在任何有意識、刻意的動作發生之前，我們的感官其實並不會記錄這些平常就一直在持續的收縮。神經系統內不同來源的電脈衝與其運作密切相關，其中一組電脈衝會產生刻意的動作；而另一組電脈衝會產生抗地心引力肌肉的

收縮，直到可以分毫不差地與地心引力的拉力相抗衡為止。

直立的姿勢是由神經系統中最早發展的部分所維持的

　　一份有關於「四肢以及身體其他部位，例如肩膀、雙眼、眼皮等等」的研究顯示，這些部位的肌肉一直都處於持續不斷運作的狀態，而這些運作不但不會被我們所感覺到，也不是運用意識刻意去努力的結果。舉例來說，有多少人會意識到他們眼皮抬起來的同時，也可以感覺到眼皮的重量？唯一可以感覺得到眼皮重量的時候，是在半睡半醒之間，因為這時，會忽然很難讓眼睛保持張開的狀態：這個意思是說，我們會突然需要努力，才能把眼睛睜開。只要我們直立著，儘管眼皮有重量，但並不會垂下來。直立的姿勢及其所有相關的一切，都是由某個神經系統特定的區域來負責組織的，這部分的神經系統，在幾乎不被我們意識到的狀態下，執行大量複雜的工作。在人類演化的歷史中，這個區域是最早發展的部分之一，當然毫無疑問地，是比由意志掌控的自主控制神經系統還要古老，而它的所在位置也是在自主控制系統的下面。

本能與意圖之間的連結

　　於是，若天生沒有嚴重缺陷的話，良好的姿勢應該是每個人

與生俱有的。更進一步地來說，由於這個姿勢，是不受意識所支配的自動機械化系統所組織的，它獨立於個人意志之外，因此所有的人都應該以同樣的方式站立，就如同每隻貓的站姿都差不多，每一隻麻雀也都以一模一樣的方式來飛行。

但事實往往比第一眼所見的簡單，同時更爲複雜。我們通常傾向於認爲：本能是某種與知識和理解完全不同的東西。我們相信蜜蜂和蜘蛛以及其他動物王國的工程師，是依據本能自動機械化地去執行任務的，它們完全不需要像我們這樣學習；而我們的學習是在大腦、意識和意志力的協助下，並須經由大量詳盡複雜的研究之後，才能完成的事。然而，這樣的想法只有部分是正確的，因爲即使是本能，也並非完全自動機械化地運作；而我們深思熟慮去做的事，也不能完全脫離本能。

人類學習的能力取代了動物本能

跟動物比較起來，人類的本能已變得十分薄弱。不是每個嬰兒都會在出生的那一刻就開始呼吸，有時必須使用強力的手段才能讓小寶寶吸第一口氣。吸吮也是如此，許多嬰兒必須先受到鼓勵和刺激，才會喚起最初的驅動力讓他們感覺到急迫感，也感覺到自己有能力來滿足自身生存的需求。無論在走路或其他動作，甚至性行爲上，人類並沒有明確無誤的本能來引導他們。但從另一方面來說，人類學習的能力是其他任何生物皆無法匹敵的。動

物比較強烈的本能，並不允許牠們去停止或去做抗拒自己本能的行為；因此很明顯地，改變本能的行為既不易達成，亦無法持久。

　　因此，我們的學習能力，也就是包含了在面對熟悉的刺激時，我們會依據經驗來發展出新的回應，這是人類獨有的特質。對於本能而言，即使只有最小的改變，都會帶來極大的困難。於是在我們人類身上，這樣獨特的學習能力，幫助我們取代了強大的、難以改變的本能。

人類主要從經驗中學習，動物則從物種傳承的經驗中學習

　　語言功能是個很好的例子來幫助我們了解人類其他的功能。如果沒有重大缺陷的話，每個孩子出生時都會有頭顱、肌肉和神經系統讓他可以透過聽以及模仿聲音去學會說話。另一方面來說，由於動物擁有比較強大的本能，因此不太需要學習。牠們的執行機制幾乎從一出生開始，就跟神經系統的命令機制連結在一起。神經系統的連結是天生決定的，只需要給予最低限度的經驗，就可以永久地將各項功能如同烙印般牢牢記住。

　　因此在日本和墨西哥的夜鶯都唱著同樣的曲調（這個例子也許不是那麼絕對科學上地精確，但就我們探討的目的性而言，已經是足夠接近了）。蜜蜂無論生在何處，都會依據相同的模式築巢；只要是身上流有狗的血液的動物就會吠叫，即使也摻雜了狼

或豺狼的血液。

　　但在人類身上，並沒有天生就固定的語言模式。語言會受到生理構造以及功能的發展慢慢逐漸成熟。如果一個孩子生長在中國，他就會說中文；或者他會學習任何適合他成長環境的語言。無論他生長在何處，他都必須透過自己個人的經驗來連結神經系統的各個細胞，以啓動說話所需要的肌肉。

　　一開始時，這些細胞只是有能力可以依據經驗所提供的，自由地去建立各種不同的組合模式。這些由個人經驗所創造而非人類集體經驗所產生的模式，唯有在經驗穩固的狀態下，才能恆常持久。因此，甚至母語都可能被忘記，而學習另一種語言也並不是非常困難的事情。

個人經驗

　　不過，早期學習語言的各種嘗試，會對嘴部的發育和聲帶的相對強度造成最強烈的影響。這些早期影響將有礙於之後任何學習新語言的嘗試，也將導致比較難去習慣新的語言形式。而學習新語言較爲困難的另一個原因，是因爲我們嘴巴和喉嚨的肌肉，傾向於自動延續先前的模式，所以這些原先既存的語言形式，將會阻礙嘴巴喉嚨的肌肉去形成新的動作組合。

人類擁有更強大的適應力

上述的觀察可以幫助我們了解，為什麼不同的人，他們站立和行走的姿勢會如此不同，即使控制此部分大腦的區域，其功能是比較接近本能動作而非自主控制的動作。

雖然行走模式的建立是在語言之前，但直立的姿勢就如同語言一樣，其神經細胞的連結並非與生俱有的。同樣地在這項功能上，跟某些群居動物比較起來，人類可以比較自由地去適應環境。舉例來說，無論在什麼樣的地域，這類的動物出生後的幾分鐘內就可以走路、跑步、跌倒後又站起來。動物出生時就已經建立和固定的功能，個體之間只會有很少的差異；相對來說，人類透過個體獨有的經驗去發展功能時，所發展的功能就會依據經驗而有所不同，而「差異」便是此功能發展過程的法則。

姿勢是動態的

「站姿和坐姿是靜態的」，當我們在如此的思路下，就很難描繪出一種狀態——可能可以讓它們導往改善的方向。如果改善是我們想追求的，我們就必須從站姿和坐姿動態的那一個面向來檢視。從動態的觀點來看，每一動作都是經由一連串穩定的靜態姿勢所組成的。鐘擺從一邊擺盪到另一邊時，它以最快的速度通過穩定的位置；而當鐘擺處於穩定的狀態，也就是路徑的中間點

時，除非有某個外力的推動，否則它就是停在那裡靜止不動。這樣穩定的位置，並不需要耗費能量來維持。在走路、起身或是坐下的過程中，人的身體也必然不時會經過那些不需費力即可維持直立而穩定的姿勢。然而，當動作無法完全相對於地心引力去做適當的調整時，身體通過穩定位置的狀態就不能被清楚確定，那麼肌肉就會繼續做許多多餘費力的工作。

不需費力去維持的坐姿和站姿，就是穩定的姿勢。從穩定的狀態開始做任何動作，都只需費最少的力氣，因此維持在休息的狀態時，並不需要耗費任何能量。

「自動控制」和「自主控制」

「對我們的意圖有所回應的隨意肌（voluntary muscles），同時也會對神經系統裡無意識部分的命令作出反應」，當我們充分思索過這個事實之後，大部分理論上和實際上的難題都會消失。雖然在任何需要的時刻，自主控制可以隨時接管，但在一般情形之下，是由自動控制所主宰的。當需要有最快的立即反應，例如有墜落的危險或生命突然受到威脅時，甚至在我們還尚未理解發生了什麼事之前，自動系統就會立刻完成所有的工作。我們只需要踩香蕉皮滑一跤，就會發現，大致來說，我們的身體會在自主控制甚至都尚未察覺到的狀態下，產生「自己」恢復直立的反射動作。

透過肌肉的動覺（kinesthetic sense）我們會知道，自己是否處於穩定的姿勢。如果是自主系統在控制肌肉，那麼我們便是處於穩定的姿勢；但如果轉換到自動系統的同時，自主控制稍微停止一下，那麼這個姿勢就不再是穩定的。不過一旦自動系統成功地把身體帶回到穩定的姿勢時，自主控制就會恢復。

感覺扭曲的起源

任何只要容易讓我們降低辨識靈敏度的事物，都會減緩我們對於刺激的反應。只有在已經很偏離穩定位置的時候，也就是說，當已經在比較緊急的狀況下，同時肌肉也需要耗費比較多的力氣時，我們才會去調整姿勢。這會讓覺察變化的能力變得比較遲鈍、不精準；整個行動和控制的系統變得比較粗糙，最後，控制也會發生很嚴重的失誤，甚至對系統造成危害。

會導致這樣結果的起因之一是「疼痛」，它可能來自於身體或情緒。疼痛是讓個人偏離理想姿勢的主因，它會腐蝕身體和自我的信心。這樣的疼痛會貶損個人在自己眼中的價值，也會讓神經緊張度提升，而讓靈敏度再次降低；於是我們會無法覺察到自己正一點一滴地持續偏離了理想的姿勢，也無法覺察到肌肉的緊繃，甚至無法意識到自己正在用力。控制可能會變得如此扭曲，以至於當我們以為自己什麼都沒做時，事實上卻正在不必要地過分使用肌肉。

自主行動的靈敏度

當肌肉在進行自主動作時，如果我們提升肌肉運作的覺察層次，那我們就可以學會辨識肌肉使力的狀態，因為肌肉如何使力是習慣造成的結果，而我們實際肌肉使力的狀態，通常會被隱藏起來，不讓意識發現。這樣的假設似乎是合理的。如果可以讓自己去除這些多餘的費力，應該就更能清晰辨識出理想穩定的姿勢。如此我們便可以「回復」到肌肉不必刻意用力，就可以維持身體動態平衡（equilibrium）的狀態。因為這樣的動態平衡，完全是由比較早期發展的神經系統所維持的，而這部分的神經系統，會依據個人沿襲自遺傳的身體結構自行找出最佳的姿勢。

動態平衡的動力變化

讓我們回到物理穩定性動力變化的觀點，以幫助我們從中盡可能地學習。我們已經知道，一般鐘擺的穩定位置是在其擺動路徑的中間點，也就是地心引力的拉力讓鐘擺保持在完全垂直的位置。起初讓鐘擺擺動的力量最後會完全被摩擦力所吸收，於是擺盪的動作逐漸變得越來越小，直到鐘擺靜止在穩定的位置。從垂直以外的任何方向施以最小的力氣，都可以讓鐘擺移動。當任何物體處於動態平衡的狀態時，都適用於同樣的原理。因此舉例來說，一棵垂直生長的樹木，無論風從哪個方向吹來，它的頂端

末梢都會隨著風吹來的方向而搖動。

　　同樣的，良好的直立姿勢也就是，在這樣的姿勢裡，只需要最小的肌肉力量，就能讓身體以同樣輕鬆的狀態朝任何想要的方向移動。這表示在這樣的直立姿勢下，不應該有源自於自主控制的肌肉用力，無論這個用力是當事人知道而且刻意的，或是因為習慣而隱蔽起來、不被意識所覺察到的。

站立時擺動

　　站著，並試著讓你的身體從左到右、從右到左，輕輕地來回擺動，彷彿是樹因為風的輕拂而隨風搖曳。把注意力放在脊椎和頭部的動作，持續這樣小而安靜的動作 10 到 15 次，直到你可以觀察到這些動作和你呼吸之間的連結為止。

　　然後嘗試類似的動作，不過是輕輕地前後擺動，而不是左右搖擺。很快地，你會觀察到，在大部分的情形之下，往後的動作會比往前的容易，而且幅度會比較大。在往前的時候，你會感覺到腳踝有某種程度的緊繃。

　　這個緊繃的點會因人而異。只有在極少數的例子裡，這個人所有胸腔的肌肉──包含肩膀、鎖骨、頸背、肋骨和橫膈膜的肌肉──會完美地組織起來，你可以觀察到他前後擺動的動作，和呼吸的過程有連續不斷的關係，就像之前左右搖擺時候的狀態。

現在移動身體，讓頭頂沿著水平面畫圈圈。繼續畫圈圈，直到你可以感覺到所有的工作都是由腿的下半部在執行，而且腳踝可以感覺到全部的動作。

再次試著輕輕左右搖擺，然後試著輕輕前後搖擺，接下來變成畫圓，順時針和逆時針兩個方向都進行。

現在改變身體的重心，慢慢把身體的重量往右放在右腳掌上，而左腳只有大拇趾點地。除了要幫助身體保持平衡，讓呼吸可以在不被干擾的情形下能精確地執行動作之外，左腿不應該參與此動作。順時鐘、逆時鐘兩個方向都繞圈圈。每一個動作重複 20–30 次，直到盡可能可以順暢而舒服地進行為止。

接下來把大部分的重量放在左腳掌上，重複上述動作。

坐著的動作

坐在椅子前面的邊緣，把雙腳放在地上，兩腿張開讓腿部肌肉放輕鬆，直到雙膝可以輕鬆容易地往側邊移動，同時也可以同樣輕鬆容易地從腳踝開始往前移動。

在這樣的姿勢下，把身體向左移動然後向右移動，直到感覺到輕輕地搖擺，同時，輕輕搖擺的動作能與流暢平順的呼吸相互協調。停，休息一下。

再次開始類似的動作，但這個動作的方向是向前、向後輕輕搖擺，直到你可以覺察到在髖關節和骨盆的動作，以及膝蓋向前和向後的動作。

現在身體用繞圈圈的方式，同時頭頂也是畫圈圈，脊椎好像一根杆子一樣，頭放在脊椎上被脊椎所支持。每一節椎骨和椎骨之間的相對位置應該沒有改變。脊椎移動的方式好像脊椎的底端——靠近尾椎的地方被固定在椅子上，而頭的平衡是維持在脊椎的頂端。頭輕輕畫圈圈，就好像脊椎是在畫圓錐體的邊界。

接下來以相反方向繼續轉動，直到動作中所有的阻礙都消失，成為連續不斷、流暢和滑順的動作。

站與坐之間的動態連結

我們現在談到最重要的一點了：坐與站之間的動態連結。大部分的人都覺得從坐到站是需要花力氣的，但卻不知道他們花了這些力氣，是因為收縮了脖子後面的肌肉，因此頭被往後拉，同時下巴往前突出來。這種不必要的肌肉用力，主要是為了讓腿部用力而想把胸腔變硬，這些用力主要是集中在膝蓋的伸肌，也就是那些把膝蓋伸直的肌肉。我們也應該知道，這樣的用力同樣是多餘的。這全部的動作都顯示出這個人站起來的方式，是想藉由強而有力的頭部動作，來把頭後面整個軀幹的重量往上拉。

自主控制和古老的反射控制，就如同我們之前所稱呼的，它們之間會有所衝突。我們可以從一項事實中看到，自主動作的腳掌往地面下壓時，通常身體的重心雖然往前移，但還沒有超過

腳。其實當身體重心真的往前移到超過腳掌心時，最早發展的神經系統就會產生反射動作，讓雙腿伸直；而這樣的自動動作，完全不會讓人覺得花費任何力氣。

　　腳掌有意識往地面下壓的動作通常發生得太快，在反射刺激達到最高點之前，腳掌就已經往地面下壓了。由於自主控制在慢動作中占優勢，在這個例子上，自主控制很容易對原始的反射控制造成干擾，使得動作無法以自然、有機及有效率的方式來進行。我們的覺察必須要能辨識出這樣自然的需求，如此的洞察力或許才是最真正的「自我了解」。

　　這些干擾是如此發展的：當腳掌太快踏壓地面而試著把雙腿伸直時，骨盆會被強迫固定在原來的地方，同時骨盆的上半部甚至可能會有點被往後推。當起身的動作是運用腹部的肌肉時，就會把頭往前和往下拉。但如果這個動作的動力，不足以舉起位於腿上面的骨盆重量時——這時的雙腿就會僵直不能改變姿勢，而膝蓋和腳踝關節也都會無法彎曲——身體就會掉回到坐姿。在老年人或虛弱的人身上，我們可能會觀察到他們面臨這樣的失敗。雖然其實站起來本身所花費的力氣很小，即使對於年老或衰弱的人來說，仍在他們能力所及的範圍之內，但加上之前所描述的多餘的費力之後，他們就不夠強壯到足以應付所有的一切了。

測量你的誤差，然後改善

　　在下述練習開始之前，先坐下來，把體重計放在你坐著的腳下。當你把腳放在體重計上時，你會觀察到，指針指

到的數字會接近你體重的四分之一，也就是你雙腿的重量。

　　然後以你習慣的方式站起來。站起來的同時注視指針的變化。指針會先指到遠超過你體重的數字，然後再回到比較低的數字，前後擺盪一下，最後停在正確的數字上。

　　當你認為自己從坐到站的方式已經有改善了，再用體重計檢查一次。如果現在的動作是有效率的，你會發現指針會隨著你起身的動作逐漸增加，再也不會指到超過你正確體重的數字上。這顯示你的動作不再有不必要的加速。如果你試著去計算現在你省下多少浪費掉的力氣，你就會理解到，適當地從坐到站，事實上所需要的力氣有多小。

　　現在再次坐在椅子的前緣，身體向前向後擺動，逐漸加大動作讓擺動的幅度越來越大，但不會在任何一點上有突然增加的力量。

　　避免直接站起來的念頭，因為這樣會導致你不自覺地回到舊有習慣站起來的方式。實際上從坐到站所需要的力氣，並不會超過搖擺時所花的力氣。

　　那麼要如何從坐到站呢？下面有一些輔助的方法。即使你試第一項就成功了，其他每個方法也都很值得試一試。

1. 避免有意識地去動員雙腿的肌肉。

　　（身體）向前擺動的時候，想著把雙膝和兩腳掌從地面抬起來，如此一來，向前擺動的動作就不會迫使你去收縮大腿的肌肉。大腿肌肉的功能是把雙腿伸直，但肌肉的收

縮，會導致腳掌往地上施加壓力。現在，在不需增加力氣的情形骨盆會離開椅子，而坐姿也就會轉換成站姿。

2. 避免刻意動員脖子的肌肉。

在前後擺動時，輕抓頭頂的頭髮，(用右手)輕柔地把頭髮往上拉，跟頸椎成一條線，力道要輕到你可以感覺脖子肌肉是否正在緊繃。當身體向前擺動時，若脖子後面的肌肉沒有緊繃的話，就代表沒有突然額外的壓力通過腳掌。

經過幾次嘗試之後，身體向前擺動的動作會在不改變呼吸的狀態下，把身體帶到站立的姿勢。也就是說當呼吸沒有改變時，就代表胸腔沒有任何多餘的費力。

重複這項練習，用左手輕抓頭髮。使用不同的手，通常會有所不同的結果。

3. 停止站起來的意圖。

向前擺動的動作應該一直持續，做到感覺到雙腿和呼吸器官在用力為止。意思是說，感覺到用力的時候，其實是表示有韻律的動作被打斷，且肌肉的費力增加了。在此時，起身站起來已經不再是之前動作的延續，而是猛然急促的用力。

停止所有進一步的動作，凍結在這個姿勢上，身體停止擺動。放下站起來的念頭，看看身體哪個部位會放鬆。這個放掉的力氣就是多餘的費力，可以運用來修正站起來

的方式。但這並不容易做到，而且你必須細心留意地去偵查。如果你停止站起來的意圖，凍結的姿勢會立刻變得像坐著那麼舒服；同時，若要完成站起來的動作，或是再次坐下來，兩者都會變得一樣容易。

4. 有韻律的膝蓋動作。

坐在椅子邊緣，把兩腳掌舒服地放在地上，雙腿和腳掌都分開來，遠遠地分開來。現在開始把膝蓋靠近，然後分開來，來回做幾次，直到動作變得有韻律、規律和輕鬆容易。

輕抓頭頂上的頭髮，在不打斷膝蓋動作的狀態下，把自己帶到站立的姿勢。如果身體沒有適當地組織起膝蓋的動作，膝蓋的動作就會有點顫抖，如果只是一下下，或是當膝蓋在動作盡頭時，無論是分開最遠或是最靠近的那一刻，你都會剛好在那個時刻試著站起來。不過不管是哪種姿勢，膝蓋都會在不自覺的情況下停止動作。

5. 把動作和意圖區分開來。

要改善動作的其中一項必要條件就是，把動作和意圖區分開來，就如同下面所敘述的練習一樣。這項練習既可以幫助學習，同時也可以測試行動品質。

跟之前一樣坐在椅子上，同時把另一張椅子的椅背放在你面前。雙手放在面前的椅背上。不要想著站起來，取而

代之的是，在想著你的臀部抬起來的同時站起來。

當你站著時，把雙手放在前面的椅背上，同樣的不要想著坐下去，取而代之的是，想著臀部降低回到椅子上，讓動作在腦海裡面完成（在頭腦裡想，而不實際做動作）。

把你的臀部放在椅子上，是一種坐下來的方法，就如同抬高臀部是站起來的一種方法一樣。用這種方式練習，你的注意力會集中在動作的過程，而不是執行動作的意圖。許多人不需要去想，就可以用這種方式起身或坐下。當對於行動者來說，無論想到的是意圖或是進行的過程，兩者都沒有差別的時候，就是代表他已經能夠適當地執行動作了。而當動作不完善時，觀察者也很快就可以分辨出行動者在做動作時，依循的是兩種之中的哪一種思維模式。

專注於目標可能會造成過度緊張

在簡單的動作裡，將注意力從目標轉移到進行的過程，並以後者的思維來執行動作，是相當容易的。但在複雜的行動裡，想達成目標的欲望越強時，其執行的結果會因為採取兩種思維模式中的哪一種，而有越大的差異。

想完成目標的願望太強時，往往會導致內在的緊張。這樣的緊張不僅會妨礙你渴望達成的目標，甚至可能危害生命。舉個過馬路的例子來說，當你的目標是不計任何代價都要搭上對面的公

車時，那麼你便會完全忽略周遭的環境。

藉由將「目的」與「過程」區分開來的方式，可以改善性能與表現

在大部分行為連結上強烈欲望的情形下，若能將目標，與達成的過程或方式區分開來的話，可能就可以改善行動的效率。舉例來說，當開車的人拼命想要趕到目的地時，最好是把駕駛盤交給一位駕駛技術高超，卻又不急著趕到目的地的司機。

當行動和目標的達成，兩者都倚賴古老的神經系統區域——演化歷史上發展最早的、我們無法隨意控制的區域——這時，可能會產生嚴重的阻礙，而影響我們的性能，這些行為可能包含性交、入睡或排泄。但這些行動，可能可以表現得猶如目地即過程，而且有時候好像過程即目地。因此當目標和過程或方法都很簡單時，研究這個問題是很有益處的，可以把從中所學習理解到的，應用在更重要的行動上。

將力量有效地運用於動作的方向上

坐在椅子的前緣，把右手幾根手指的指尖放在頭頂上。觸碰要夠輕，輕到足以讓你察覺到脖子後面張力的變化。

把你的下巴往上抬，然後往下放（藉由動脖子和脖子後面的肌肉），同時觀察你的指尖是否能感覺到頭部的動作。

　　藉由動你的髖關節來增加頭部向前和向上的動作，直到
你的臀部抬起來離開椅子，並且站起來。但記得無論進行到
這個動作裡的任何一個何階段，都要確定雙腿不會突然用力。

　　你會看到，運用指尖來控制動作，以及讓往上的動作變得滑
順直到站起身來的這些過程，會將胸腔的肌肉組織起來，讓肋骨
和胸腔能垂掛在脊椎上，於是肋骨和胸腔不會因為肌肉的用力而
變得僵硬。

　　在整個動作過程中，為了要讓胸腔的重量能由脊椎承擔，
也為了可以自由呼吸，因此髖關節肌肉所出的力氣，必需被導往
能讓總合力量通過脊椎本身的方向。任何寄生的力量（parasitic
forces）[1] 都不應該發生，因為這會導致頭和頸椎之間角度的改
變，或是造成脊椎的彎曲。

　　在動作能變得精準及有效率之前，你做這個練習時，必須感
覺越來越輕鬆、越來越有力，直到不會因為想用力而藉由憋住呼
吸或緊繃胸腔把自己挺起來。憋住呼吸的傾向是出於本能，部分
原因是為了避免剪應力（Shear Stress）或剪力（Shear Force）的發
生。脊椎是由一節一節的椎骨所構成的，避免剪應力的發生是因

1　譯註：費登奎斯借用「寄生」這個字，來表示有些不必要的力量會像寄生蟲一
　　樣，依附在宿主身上消耗宿主本身，干擾一個人想要做的動作或功能。而除了寄
　　生的力量之外，費登奎斯也常將此字與 movement 連在一起用，也就是寄生性動作
　　（parasitic movement）。

為，剪應力很有可能會讓椎骨呈水平方向移動，而脫出脊椎的垂直排列。

缺少選擇會造成過度緊繃的習慣

　　任何動作中只要有多餘的費力，我們就必須升起防衛，也必須硬撐起來去努力；這一點也不舒服、不愉快，也不是我們想要的。當無法選擇是否應該要努力時，就會不自覺地將某種行為變成習慣。這樣下去最後的結果就是，即使是不合理也非必要的，但對這個人來說，只要是他所習慣的，就都是再自然也不過的事了。

　　習慣讓我們比較容易在行動中堅持下去，所以一般來說，習慣是非常具有價值的。然而，我們很容易過度沉溺於習慣之中，於是當沉溺到自我檢討的聲音完全消失，辨別細微差異的能力隨之而降低時，習慣便會逐漸把我們變成一部機器，一部只會做而不思考的機器。

第二課：

什麼動作是好的？

What Action is Good?

有效率的動作會改善身體和身體的動作能力

　　一個動作是否有效率，首先，可由一個簡單的標準來判斷，就是這個動作是否能達到它的目的。但這樣的檢測並不足夠，因為動作必須也要能改善生活，並讓身體至少發展到這樣的程度，就是當下次再進行同樣動作時會有更好的效率。舉例來說，用菜刀來鎖緊螺絲是可能的，但菜刀和螺絲都會有所毀損。人體有能力做出非常多不同型態的動作和行動，因此很難簡短地去定義哪些動作是有效率的，不僅如此，每個定義必定會流

於過度簡化。不過，我們應該試著去釐清，構成良好動作的元素有哪些。

「可逆轉性」是自主動作的標示

用中等的速度做一個單純的動作：手從右邊到左邊，然後再回來，如果可以在過程中的任何一個點打斷這個動作往相反方向行進，然後再以原來的方向繼續動作，或是在中途決定改做其他完全不同的動作——能如此隨心所欲的話，我們應該會同意，對於這個動作是滿意的。

如上所述這樣單純的動作裡，即使我們並不知道，但這樣的品質其實是天生就俱備的；而且我們也可以在高度自覺、仔細思量的動作中，發現這樣的品質，我們將之稱為「可逆轉性」。輕敲膝蓋骨正下方的肌腱，會使得腿彈跳一下，這是一個完全的反射動作，是一個我們無法抑制、逆轉或改變的動作。同樣的情形也適用於痙攣、發抖或抽筋。這些全部是不可逆轉的，因為它們是不自主（不隨意）的動作。

輕巧容易的動作就是好的動作

當我們思量著各種從椅子上站起來的方法時，我們可以發

現，當自主控制和身體對於地心引力的自然反應彼此之間沒有抵觸，也就是當兩者結合在一起，看起來猶如一個控管中心去引導、相互幫助運作時，便會產生一個好的、深思熟慮的動作。只要這個動作不危害身體或造成疼痛，導致觸發自動反應接管或忽略意識自行做決定的話，通常自主控制在我們用相對緩慢的速度做動作時，可以有效運作。

在不知道什麼是良好動作的構成元素之前，我們就已經知道，這個簡單的手的動作是良好的。於是我們可以將此視為一個準則：輕巧容易的動作就是好的動作。

學習如何將費力的動作轉變為好的動作，這是很重要的。也就是說，把費力的動作轉變為：首先動作不但是有效率，而且也是流暢且輕鬆容易的。

回避困難，建立了行為準則

一般來說，大約在十三、四歲時，人們就會停止發展或停止提升他們對於環境的適應能力。頭腦、情緒和身體在這個年紀還不能掌握或還做不到的活動，就會永遠落在慣性的範疇之外而不容易成為習慣。結果就是人們的能力會大大地受到限制，其實不必如此。

在生理或社會發展的過程中所遭逢到的困難使自己受限，這些限制會加諸於個人身上。當一個人不斷重複經驗某種困難

時，他通常會放棄自己覺得很難掌控的活動——那些他目前還無法成功，或是在某種程度上已經證明是不愉快的活動。他畫地自限、為自己設立了一個規定，告訴自己說，例如：「我學不會跳舞。」或「我天生就不擅長社交。」或「對我來說，數學是永遠也搞不懂的。」這些他為自己設下的限制會阻礙他的發展，而影響的層面不僅在他決定放棄的領域，同時也會抑制他其他領域的發展，甚至可能會影響整個人格。

對某件事「太困難」的感受，會蔓延到其他活動和吞噬其他的能力。我們很難評估，這個人所缺乏的特質，以及他因此從不去嘗試的事情，對他來說其實到底有多重要；因此，他在不知情的狀況下所蒙受的損失，更是無法估計。

進步是永無止境的

習慣借助火炬或油燈的光來閱讀的人，會覺得蠟燭已經是最終的進步，而不會去在意蠟燭所散發出來的煙、黑灰和氣味。當我們想到人工照明更進一步的發展時，就會明白我們所設下的限制，完全是出於無知。每一次我們擴展了知識的疆界時，就會提升我們的感覺靈敏度和行動的精準度，而我們認為理所當然的疆界也會隨之而拓展。

當一個人的發展越進步，他的動作也會越輕鬆。這裡的輕鬆同等於「感官與肌肉兩者之間的和諧組織」。當動作免於緊張

和多餘的費力時，會變得輕鬆，並讓感覺靈敏度和區辨力更為增進，如此，又會使得動作變得更輕鬆容易。於是，現在他可以指認出不必要的費力，即使對他來說，之前的動作似乎是容易的。當這個感覺靈敏度在動作中更進一步精煉，持續變得越來越精細時，就會進而提升到某個程度。若想要再突破這個限制，就必須改善整體人格的組織。但是到了這個階段，更進一步的提升不再是緩慢和漸進的，而是忽然地躍進，動作的容易程度會發展到一個境界，成為全新的品質並有嶄新的視野。

假設有一名苦於聲音嘶啞的演員、演說家或老師想要擺脫他的困難，於是開始研究有什麼方法可以改善發音。首先，他要試著找出呼吸器官和喉嚨過度用力的地方在哪裡。當他學會減少力氣的使用，講話比較輕鬆時，他會驚訝地發現，他上下顎和舌頭的肌肉，之前一直在進行不必要的工作，而這些他之前沒有覺察到的工作，是導致他聲音嘶啞的原因。於是，當某部分可以變得輕鬆後，對於相關的範圍，就可以有比較細密和精準的觀察。

當他持續練習新的成果，而且能不費力地使用舌頭和上下顎的肌肉時，他或許會發現，一直以來，他只使用口腔後半部和喉嚨來發聲，而沒有用到口腔的前半部。這會讓呼吸比較費力，因為需要有比較大的空氣壓力，才能讓聲音通過口腔。當他也學會使用口腔的前半部時，講話就會變得輕鬆很多，而且他還會發現，胸腔和橫膈膜肌肉的運用也會獲得改善。

　　於是現在他會很驚訝的發現，胸腔、橫膈膜和口腔前半部肌肉受到的干擾，是由於脖子後面的肌肉持續緊繃，而迫使他的頭和下巴往前，扭曲了他的呼吸和發聲的器官。這會更進一步引導他去發現，這些都與自己站立和移動的方式有所關聯。

　　上面所敘述的一切意味著，適當的講話方式牽涉到整個人格特質。然而即使有了這些發現、發現所帶來的進步，以及因此而讓動作變得輕鬆容易，但這仍然不是完整的故事。這個人的聲音，之前僅限於一個八度的音域，而現在可以達到更高和更低的音層，他在自己的聲音裡發現全新的特質，也發覺自己能歌唱。這樣的發現，又再度地在更寬廣的領域裡打開新的可能性，同時也展露出他之前從未夢想過的能力。

運用大肌肉來進行繁重的工作

　　為了讓動作有效率，像移動身體這般繁重的工作，就必須交付給為此目的而存在的肌肉來進行。

　　如果我們仔細看就會發現，最大和最強壯的肌肉是連接到骨盆的。大部分的工作都是由這些肌肉完成，尤其是臀部、大腿和腹部的肌肉。當從身體的中心移向四肢時，我們就會看到肌肉逐漸變得比較細長。四肢肌肉的功能，是要引導它們的動作能精確地進行；而來自骨盆肌肉的主要力量，會透過四肢骨頭的指

揮，到達需要運作的位置。

在一個組織良好的身體上，由大肌肉所產生的力量會透過比較弱的肌肉，經由骨頭傳達到目的地，而且在過程中並沒有耗損太多的力量。

偏離主要路徑造成角度的使力會造成傷害

在理想的情況下，身體的使力是縱向通過脊椎和四肢的骨頭，意思是說，盡可能接近直線的狀態來傳導。如果身體跟動作的主要路徑形成一個角度的話，部分來自骨盆肌肉的力量，就不會傳到目的地去；此外，韌帶和關節也會因此而受到傷害。例如說，如果我們用一條完全伸直的手臂來推東西，來自骨盆肌肉的力量會直接通過手臂和手來運作。然而，如果手臂在手肘彎成了直角，手本身的力量不可能超過前手臂的力量，動作就會變得困難和不舒服，因為力量幾乎全部被身體吸收了，所以大肌肉的力量無法提供幫助。

當骨盆大肌肉的力量，無法藉由骨架結構通過骨頭來傳遞時，為了讓引導方向的肌肉至少能承擔部分工作，胸腔就會無法避免地變得僵硬，而這些工作其實本來是可以輕鬆地由骨盆肌肉來執行的。良好的身體組織，讓我們執行大部分的日常活動成為可能，而且不會感到費力或勉強。

發展理想動作的途徑

當要從一個姿勢轉換爲另一個姿勢時——例如從坐到站，或是從躺著到坐著時——對於骨架來說最理想途徑是，以一種彷彿沒有肌肉存在，只有韌帶接連在骨頭和骨頭之間的方式來移動。若想要運用最短和最有效率的路徑從地上起來的話，組織身體的方式必須是，骨頭隨著頭部向上拉動骨架所顯示的途徑而動。如果循著這條路徑，肌肉所使的力就會透過骨頭傳遞，而且骨盆肌肉所有的力量都會轉變成有效的施力。

第三課：
動作的基本特性

Some Fundamental Properties of Movement

　　在這堂課裡，你將學習辨認自主控制機制的一些基本特性。你會發現大約做 30 個緩慢、輕柔、簡短的動作之後，就足以改變肌肉的基本張力了。這裡的肌肉基本張力指的是，肌肉在被意志啓動之前的收縮狀態。一旦張力改變了，它就會從你原先所練習的部位那裡開始擴散，進而影響到同側整個半邊的身體。身體中心的大肌肉負擔起主要工作，而四肢只負責引導骨骼的方向，讓它們朝往力量所要傳達的目的地，當工作如此分配時，整個動作過程的執行就會變得容易，動作也會變得輕巧。

掃描你的身體狀態

平躺下來，整個背部著地，雙腿以舒適的距離張開來。雙手臂往上伸長超過頭，微微張開，讓左手臂與右腿大約呈一直線，而右手臂與左腿也大約呈一直線。

閉上雙眼，試著審視身體與地板接觸的部位。注意腳跟是怎樣放在地板上的，兩腳跟與地板間的壓力是否一樣？兩腳跟與地板的接觸點是否在完全一樣的位置？

以同樣的方式來檢視小腿的肌肉、膝蓋後面、髖關節、浮肋、上面的肋骨和肩胛骨這些地方與地板的接觸。注意肩膀、手肘跟手腕各自與地板之間的距離。

只要花幾分鐘研究就會發現，身體的肩膀、手肘、肋骨等等，兩邊有很大的不同。很多人也會發現，身體在這樣的姿勢時，他們的手肘完全不會碰到地板，而是懸空的。由於手臂並沒有放在地板上休息，因此直到掃瞄結束之前，一直讓手臂維持在這個姿勢是很困難的。

發現隱伏的肌肉工作

我們有一個尾椎骨、五節腰椎、十二節胸椎和七節頸椎。在骨盆區域附近，哪一些脊椎跟地板接觸時，所承受的壓力最重？所有的腰椎（腰圍）都碰觸到地板嗎？如果沒有，是什麼把

它們抬離地面的呢？哪幾節背部的脊椎，承受了最重的壓力？這一堂課開始時，大部分的人會發現，他們有兩、三節脊椎會清楚地碰觸到地板，而其他幾節的脊椎在這兩、三節脊椎之間形成拱形。這是很令人驚訝的，因為我們原先的目的是要把它們在放在地上休息，不費任何力氣，也不做任何動作，因此理論上，每一節脊椎和肋骨都應該往地板下沉，而且至少有一個點會觸碰到地板。而的確，一副沒有肌肉的骨架是會像這樣躺在地上的。因此似乎看起來，是肌肉在我們不自覺的情形下，抬起了某些附著於它們的身體部位。

除非我們有意識地去拉直好幾個區域，否則躺在地上時，我們不可能將整條脊椎完全伸直。一旦這些有意識的努力一放鬆之後，受影響的區域又會再度往上移動離開地板。因此為了要讓整條脊椎都能貼平在地板上，我們必須停止那些在我們不自知之下、隱伏的肌肉工作。如果刻意和有意識的努力都不成功的話，那我們要怎麼做呢？我們應該要嘗試一些間接的方法。

讓每個動作有個新的開始

再次躺下來，像之前那樣把你的雙手臂和腿伸開來。也許現在至少你的手背會碰到地板，而也許你的手肘和上手臂也可以接觸到地板。

現在只運用肩膀的動作，把右上手臂抬起來，直到你的手背剛好離開地面，讓這個動作在實際運作上，是一個緩慢而且非常輕小的動作。

然後讓手臂掉回地面，並且放在那裡休息。再次把手臂抬起來，直到手背離開地板。

重複這個動作 20 或 25 次。每一次你抬起和放下手臂之後，要完全休息，停止一切動作，重量放下來，讓每下一個動作都是全新的、而且是獨立的動作。

協調呼吸和動作

如果你仔細注意的話，你會感覺到當手臂伸長還沒有抬起來之前，你的手背會沿著地面開始有一點點緩慢的位移。當這個動作重複好幾次之後，你會發現，動作跟呼吸的韻律變得比較協調。這個手臂抬起來和伸長一點點的動作，會恰好配合空氣開始從肺部排出的那一刻。

休息和觀察

做完 25 次動作之後，分階段、緩慢地把手臂帶回到身體的兩側。確定這個動作是一次一次分階段慢慢完成的，因為若動作很快的話，很可能讓剛剛一直在工作的肩膀有疼痛的情形。

把膝蓋彎曲起來，休息一下。當你在休息的時候，觀察現在左邊和右邊的身體有沒有什麼不同。

緩慢以及漸進的動作

現在慢慢翻過來趴著，手臂和腿跟之前一樣伸開來。慢

慢地從肩膀把你的右手肘抬起來一點點，直到手肘離開地面
（現在手掌不一定要跟著抬起來），然後再度讓手肘下沉。

為了要進行上面所描述的動作，手臂伸長越過頭的狀態
必須是非常舒服的，也就是說，手肘有一點點彎曲，雙手
之間的距離會小於兩手肘之間的距離。

繼續做這個動作，當你開始把空氣從肺裡排出去時，讓
手肘抬起來一點點。重複動作至少 20 次。如果動作是緩慢
及漸進的，如同它本來就應該的方式，你會發覺現在手肘會
跟著手臂一起「爬行」，也就是說，手肘會先伸長一點點，
然後才開始離開地板。當手肘抬的高度足以帶動手腕之後，
手就會開始離開地面。

除去多餘的費力

在這個姿勢下，很少人能在抬起手腕時，還可以讓手
掌放鬆地下垂。大部分的人都會在不知不覺間，緊繃手的
伸肌（前手臂外側的肌肉），於是手掌會抬起來，而手背和
前手臂會因此形成某個角度。但若能注意到這種情形，逐漸
地，我們可能就可以停止這種不必要和無意識的肌肉用力。

為了要能做到這點，我們必須鬆弛前手臂的肌肉，而
不只是放鬆手指的肌肉。一旦能完全鬆開來，手就會往下
垂，於是手掌和前手臂的內側就會形成某個角度。如果這時
再把手肘抬起來，手就可以放鬆地往下垂。

運用背部的肌肉

繼續這個動作，直到你感覺到所有的用力都是來自肩膀部位，而不再需要任何肌肉力量來做這個動作為止。用肩膀把整條手臂抬起來，手肘和手也會跟著抬高。

為了讓肩膀能比較容易地從地上抬起來，你必須使用背部的肌肉，如此，肩膀就會跟肩胛骨以及右上部分的胸腔一起上抬離開地面。

再次慢慢翻過來平躺，背部躺在地上，休息。觀察現在你左右兩邊的肩膀、胸腔和手臂與地板的接觸，兩邊有什麼不同。

同步的動作

再次把手臂伸長越過頭部，雙手分開，雙腿伸長，兩腳掌分開來。非常非常緩慢地，同時把右腿和右手臂抬起來一點點，只需要做一個很小的動作，小到足以讓你把手背和腳跟自由地抬離開地面就好了。

注意看看，當你的手和腳跟再回到地面的時候，是不是完全同步碰到地上？或是一前一後？當你判斷清楚是手掌還是腳跟先到達地面之後，你會發現，先落地的手或腳也是先離開地面的。在這個動作中，很難做到完全同步。通常來說，手臂和腿的動作會一直保持一點小小的落差。

為了達到一定程度的精準，當你開始抬起手臂時，同時把空氣從肺裡排出去；然後當你要開始吐氣時，抬起你的

腿；最後，當要開始吐氣時，再把右手臂與右腿一起抬起來。這項練習會改善手臂和腿的協調性。

感覺脊椎的延長

現在輪流舉起右手臂和右腿。觀察看看，當右腿單獨抬起來但手臂平放沒有抬起來時，腰椎是否會稍微離開地面一點點？而當右手臂和右腿一起抬起來時，腰椎的動作是否會受到任何的影響？

腰椎會離開地面，是因為腿被附著在骨盆前面的肌肉抬起來。在做這個動作時，背部的肌肉也會把這幾節脊椎抬起來。那背部肌肉的工作是必要的？還是多餘的呢？

把右腿往右轉，也就是說把髖關節、膝蓋和腳板都轉向右邊。現在，非常非常非常緩慢地，在這個姿勢下把腿抬起來，同時觀察整條腿位置的改變，會如何影響髖部脊椎（薦椎）的動作。我們漸漸會比較清楚地看到，當手臂和腿同時抬起來時，空氣也正好在這個時刻開始從肺裡排出來，如此，腹部和胸腔的肌肉，就是在協調的情形下一起完成的；這時，腰椎不會抬起來，反而會稍微有一點點往地板下壓。抬手臂和腿的動作會變得比較輕鬆，同時會有一種感覺，就是身體彷彿在過程中被拉長延伸了。對身體大部分的動作來說，如果是適當地進行的時候，都會伴隨著這種脊椎延展的感覺。

多餘的費力會把身體縮短

幾乎毫無例外的，肌肉持續的過度緊繃，會造成脊椎縮短；動作中若有不必要的用力，往往會讓身體縮短。在每個預期有某種困難的動作中，身體會縮在一起，猶如這是對抗困難的防護機制；這種身體的增援和防護，會需要某些不必要的費力，但也正是這些不必要的費力，會讓身體無法恰當地把自己組織起來去行動。若想要拓展能力的限制，我們必須藉由研究和理解，而不是只會頑固地去努力，以及企圖去保護身體。

此外，動作中的自我保護和多餘的費力，也顯示出個人缺乏自信的狀態。只要這個人意識到自己已經用盡所有的力氣了，就會發揮更大的意志力去增援身體來動作，但事實上，他只是把不必要的費力強加在自己身上。這樣試圖增援身體而產生的動作，既不優雅也不會有激勵效果，而且會讓人完全沒有意願再重複。儘管以這樣一波三折的方式來達到嚮往的目標是可能的，但為了成就所付出的代價，其實會遠遠超出表面上所見到的。

休息一分鐘，並且觀察骨盆與地面的接觸有什麼樣的改變？同時也觀察身體左右兩邊的差異。

什麼是比較舒服？

翻過來趴著，雙手臂伸長越過頭部，雙手分開，雙腿也伸長分開來。

　　慢慢地，把你的右手臂和右腿同時抬起來。當你快要抬起右手臂和右腿時，觀察你頭的姿勢。你的頭是面向右邊？還是面向左邊？頭是躺在地上的嗎？

　　試著在你吐氣時，抬起你的手臂和腿。我們接下來要做幾次這個動作，首先，把右臉頰放在地板上，也就是面向左邊，重複以上的動作。然後，把前額靠在地上，重複動作。[1] 最後，把左臉頰放在地板上，再次重複動作。

　　現在讓我們來比較看看，在三種不同的姿勢下，所需要的力氣有什麼不同，然後判斷一下，在哪個姿勢下，動作最容易進行。如果是大致上組織良好的身體來做這個動作，最舒服的姿勢應該是左臉頰著地。重複這個動作大約25次，看看是如何越來越清楚地感覺到，身體和地板之間的壓力逐漸轉移到左邊的腹部，也就是胸腔和骨盆之間。

　　維持在趴姿，繼續和之前一樣抬起你的右手臂跟右腿，但是現在，每次做動作時，同時也把頭抬起來，讓眼睛跟隨著手的動作，重複動作25次。

　　做完之後，慢慢翻過平躺著休息。

　　在平躺的姿勢下，重複之前的動作，同時一起把手臂、腿和頭抬起來。跟之前的練習比較起來，觀察現在身體躺在地上的狀態有多麼不同？分別看看，現在身體不同部

1　譯註：如果鼻子被壓著不能呼吸的話，可以在額頭下墊一點毛巾。

位跟地板之間的接觸是怎樣的呢？注意哪裡是身體跟地板間壓力最大的點。

重複動作約 25 次，然後休息。

哪隻眼睛比較大？

站起來，走一走。審視一下身體左右兩邊的感覺有什麼不同？兩邊手臂的重量和長度有什麼不同？以及雙腿的長度有什麼不同？

照鏡子審視一下你的臉：有一邊看起來比較有精神，不但如此，這半邊臉的皺紋比較不明顯，而且一隻眼睛看起來也睜得比另一隻大。是哪一隻眼睛比較大呢？

試著回想，你是否注意到，之前每一系列動作完成後的審視中，一邊的手臂和腿，會漸漸變得比另一邊的長。不要試著去克服兩邊身體不一樣的感覺，允許這個感覺留下來，同時繼續觀察，直到感覺逐漸減輕，最後終於消失。

如果沒有干擾打斷你的注意力，例如令人生氣或緊張的事，那麼這種不一樣的感覺，應該會持續好幾個小時都很明顯，或者至少幾個小時。在這段期間，觀察你哪邊身體的功能比較好，哪邊動作進行得比較流暢。

左邊的練習

現在平躺，換做身體的左邊，重複這堂課到目前為止所有的動作和細節。

對角線的動作

完成身體左邊的動作之後，非常非常緩慢地，同時抬起右手臂和左腿。重複 25 次。

觀察不同的椎骨和肋骨之間相對位置的變化，也注意一下，跟同時抬起單邊手臂和腿的動作比較起來，現在做對角線的動作時，背部躺在地板上的地方和之前很不一樣。

稍微短暫休息一下，然後現在同時抬起左手臂和右腿，重複 25 次之後，休息。當空氣從肺裡排出時，同時抬起四肢和頭，重複這個動作 25 次，休息一下之後，只抬起四肢，讓頭躺在地上。

在趴姿下，重複這些動作的組合。

最後，翻過來平躺在地上，同時觀察現在所有接觸地面的部位，從腳跟開始，一直審視到頭，就像這堂課剛開始的時候一樣。注意發生了什麼變化，尤其是沿著脊椎沿線附近的變化。

第四課：

在呼吸裡將「部位」
與「功能」區分開來

Differentiation of Parts and Functions in Breating

　　呼吸是由肋骨、橫膈膜和腹部的動作所組成的。現在，你將學習認識這些部位的動作。為了能輕鬆和深長地呼吸，適當地調整這些動作是有必要的。你將能夠發現，空氣進出時間的長短，在不同的呼吸週期裡會有所不同；你同時也會了解，呼吸的過程，會依據身體的姿勢跟地心引力的相對關係而有所調整。下面肋骨動的幅度比上面肋骨大，於是對於呼吸的貢獻就比較大。最後你將會理解，當不必刻意用任何力身體就能直立時，也就是說，當骨骼架構能支持整個身體的重量時，呼吸就會變得比較輕鬆容易和有韻律。

胸腔的容積與呼吸

躺下來，雙腿伸長，雙腳分開。然後膝蓋彎曲指向天花板，兩腳掌心放在地上如同站立在地上的姿勢，雙腳分開來。

現在，我們要找雙腿肌肉不費力、腳掌站在地板上輕鬆擺放的位置。把你的兩膝分開來一些，然後靠近併攏一些，來來回回重複幾次，直到找到膝蓋的一個位置是：同一條腿的腳跟中心、大腳趾和第二腳趾間、以及膝蓋，這三個點在同一個平面可以連成一條直線。腳掌在這個位置上時，肌肉無需費力，膝蓋就可以輕鬆站立。

吸一口氣讓肺部充滿空氣，在不造成不舒服的情形下，儘量擴張胸腔。很多人在呼吸的時候，相對於脊椎的關係，沒有讓胸骨有所移動；他們沒有依據胸腔的結構來擴張胸腔或增加胸腔的容積，反而把背部變空，意思是說，他們只是把整個胸腔抬離地面，包括背的下半部，因此胸腔內部容積的擴張只是靠浮肋的動作。當擴張胸腔、胸骨離開脊椎時 [1]，看看你是否能讓整段胸椎、或整個胸腔的長度貼在地上。不要試著強迫去把脊椎往地板方向下壓，不要用力，只要單純地讓空氣進入肺部，觀察胸腔上升，然後看看脊椎是否同時貼著地板、往地板方向下壓一點點。停止動作一下，等一等，直到你需要呼吸的時候，然後再試一

1　譯註：胸骨往天花板方向移動，讓胸骨與脊椎之間的距離變大、胸腔變厚。

次。重複這個動作好幾次。

在停止呼吸的情形下做呼吸的動作

　　等你做完上述練習，動作變得清楚後，試著跟之前一樣做擴張或升高胸腔的動作，但不吸氣。也就是說，胸腔做出吸氣的動作，但同時不吸氣或吐氣。重複這個動作幾次，直到你再次感覺需要呼吸。

　　現在讓肺部充滿空氣，同時重複做擴張胸腔的動作。暫停休息一下。重複本系列的動作5、6次之後，再回來看看你的呼吸。從你開始練習之後，呼吸有什麼改變了嗎？

擴張下腹部的容積

　　把兩邊手肘放在地板上，雙手指尖放在腹部上。等待，直到你的肺部充滿空氣。屏住呼吸，在不吐氣的情形下，壓縮胸腔（做吐氣的動作）。空氣壓力的增加會讓下腹部的壓力也升高，這股壓力可以向下導往肛門的方向去，隨著空氣被推送到肚臍下方，下腹部會變得像足球一樣圓。

　　注意一下，當你的腹部脹起來時，你的手會被抬起來，兩手有點被分開。在腹部裡近似液體的內容物裡，壓力平均地往四面八方擴散。然而，在這項練習裡，除非有強壯和發展良好的背部和髖部，否則大部分人剛開始時，沒有辦法把腹部往所有方向擴張。取而代之地，反而會繃緊髖部附近的背部肌肉，並一直緊繃到讓髖部附近的脊椎不得不

離開地面。因此，必須注意讓壓力在腹部裡平均地往所有方向擴散，包括往後朝向地板方向的壓力。當可以做到這點時，你會發現，把腹部往外或往前推時，會把空氣從肺部裡排出去。

等一下，直到肺部再次充滿空氣，然後藉由把腹部往前推，同時擴張肚子往四面八方所有的方向、讓肚子成圓形的方式，把空氣排出去，直到你可以感覺臀部周圍有肉的部分往地上壓。

休息，同時觀察呼吸動作的品質有什麼改變。

橫膈膜的翹翹板動作

讓肺部充滿空氣，同時屏住呼吸——不要吸氣或吐氣。在屏住呼吸的狀態下，重複輪流做兩個動作：第一個動作是跟之前一樣，做緊縮胸腔，擴張腹部這個動作；然後第二個是擴張胸腔和緊縮腹部的動作；接下來同樣在屏住呼吸的情形下，輪流重複第一個和第二個動作，直到你覺得需要吸氣或吐氣。然後可以恢復平常的呼吸，再開始這些動作。這兩個動作的輪流，就好像是翹翹板的兩邊，一邊往上時另一邊就往下，而這樣一口氣進行5、6次胸腔和腹部輪流縮緊和擴張的動作，應該一點也不難。[2]

把整個練習重複5、6次，然後再試一次。這次在不會造成不舒服的情況下，盡可能加快速度進行。當腹部和胸腔的交互動作進行得夠快時，就可能可以辨識出肋骨和肚臍之

間有某個動作，甚至會出現咕嚕咕嚕的聲音。在那裡有個東西正在改變自己的位置，它輪流被向上推往頭部方向，然後被向下推往腳掌的方向，這就是橫膈膜的動作。我們通常不會覺察到橫膈膜的存在，但在這項練習中，我們可以在不需要知道它解剖學確切位置的情形之下，間接指認出它在身體裡的位置。

平常的呼吸

　　平躺，把雙手臂和腿伸開來，雙腳分開。自然呼吸，在不改變平常呼吸的韻律下，重複胸腔和腹部輪流交替推壓的動作。像這樣進行胸腔和腹部輪流上下動作的同時，和平常一樣的呼吸，是有可能的，就如同你可以屏住呼吸來進行這些動作一樣。以這種方式，我們可以分辨出哪些是呼吸時不可或缺的動作，而哪些是伴隨著呼吸但卻是不必要的動作。重複這個動作 25 次。

　　休息一分鐘。

　　然後翻過身來趴著，把雙手臂高舉過頭，雙手分開[3]，雙腿伸長，雙腳張開來，繼續做之前的動作。

2　譯註：雖然動作本身可能不困難，不過在實際的教學經驗中發現，由於很多人不習慣這樣的呼吸方式，甚至違反有些人對呼吸的既定概念，或是因為與生活經驗相抵觸而不容易體會或執行。如果覺得困難或難以體會，毋須沮喪，這是很常發生的情形。建議以探索的心態實驗看看，因為這是可能學得會的呼吸方式。

3　譯註：雙手放在地上。

真正完全對稱的脊椎並不存在

我們很難找到一根真正完全對稱的脊椎。在大部分的情形下，相對於骨盆的平面來說，肩膀和胸腔的平面是有點旋轉的，因此在做所有的動作時，都會有一邊做起來比另一邊容易。在早期的時候，如果一個孩子隨性做出非常多樣的動作，是沒什麼大不了的。然而，等到成熟之後，人們傾向於重複幾種有限的動作——有時候連續好幾個小時——而忽略了還有其他動作。於是，身體就會去習慣這幾種有限的動作，骨骼結構會隨之調整，最後造成改變的結果，就是姿勢變得歪歪斜斜的了。

感覺中間

在趴著的姿勢下，繼續之前胸腔和腹部輪流交替推壓的動作。觀察當胸腔向外推時，第一個碰觸到地板的是不是胸骨中間的部分？而當換腹部向外推時，第一個碰觸地板的是不是腹部中間的部分？

觀察這些狀態是很重要的，但要做到這點並不容易，因為我們指認這些部分的能力並沒有充分發展。有人可能相信當他自己的身體躺在地上時，是對稱的，但觀察他的人卻清楚地看到，事實並非如此。不過無論如何，嘗試做幾次。

現在繼續這個練習，但是當你把胸腔往外推時，讓左胸腔比較清楚地往地上壓，而當你把腹部往外推時，讓右腹部先觸碰到地板。現在整個背部，會從右髖關節往左肩膀的

方向，以傾斜的方式進行。做 25 次，然後休息。

　　現在重複之前的練習，試著讓胸腔和腹部中間的部分碰觸地板，並觀察你對於哪裡是中間的感覺，有沒有改變？休息之後以相反的方式進行，讓左腹部和右胸腔碰觸地板，做 25 次，休息。

　　當你休息完之後，再次嘗試，在做每一次的動作時，讓胸腔和腹部的中間部分貼在地上，同時觀察現在，你可以有多清楚地指認出中間的部分。

　　翻過來平躺。重複腹腔和胸腔輪流交替推壓的動作。同時注意看看胸腔的動作是否變大了？觀察動作自由的感覺，並且試著指認看看，背部有哪些部位的動作變得比較輕鬆容易，讓你感覺到從緊縮的狀態中解放出來？

側躺的翹翹板動作

　　右側躺。[4] 右手臂伸長越過頭，把頭放在手臂上休息。左手往上抱著你的頭，左上手臂靠近左耳，左手指放在右邊太陽穴或鬢角附近，左手掌在頭上。

　　現在，左手幫忙把頭抬起來，直到左耳靠近左肩膀。在這樣頭抬高的姿勢下，做蹺蹺板動作，往四面八方擴張胸腔，同時把腹部內縮；接下來收縮胸腔，擴張腹部。並且

4　譯註：身體右邊躺在地上，如果覺得右側躺不穩定的話，試著把雙腿彎曲，讓大腿比較靠近腹部一些。

觀察左右兩邊側邊肋骨的動作。由於右邊肋骨會受地板的限制而阻止肋骨擴張，所以現在胸腔只能往左邊擴張，當左邊肋骨擴散開來時，會迫使頭往右手臂方向回去一點。重複這個動作 25 次。

然後慢慢翻回平躺，背部躺在地板上。同時試著觀察，你的背部哪些部位比較下沉，並且現在比較清楚地碰觸地板。

慢慢翻過來左側躺，重複類似的動作 25 次。

背部的蹺蹺板動作

平躺在地上，雙手臂放在身體側邊，用兩隻手和前手臂在跟身體平行的狀態下支撐自己（也可以說用手肘支撐自己），把身體抬起來，兩邊肩膀抬離地面。你的胸腔現在會跟地板形成某個角度，而頭和肩膀沒有碰到地板，有自由動作的空間。然後把頭垂下來，直到下巴碰到胸骨。

在這個姿勢下面，再次進行次胸腔和腹部的蹺蹺板動作：擴張胸腔的同時把腹部向內縮；接下來收縮胸腔的同時擴張腹部，兩邊輪流進行。做 25 次。然後平躺下來休息。

跟之前一樣，運用手肘、前臂和手把身體支撐起來，但這一次讓你的頭往後倒朝向地板方向，而下巴盡可能遠離胸骨。做 25 次蹺蹺板動作。做動作的時候觀察你脊椎的動作。[5]

平躺下來，觀察你的呼吸。現在你應該可以清楚地察覺到呼吸的改善，變得比較輕鬆，也比較深長。

跪姿的蹺蹺板動作

　　跪下來，兩邊膝蓋分開，距離很遠，腳板延伸與小腿呈一直線（你的腳趾甲會面向地板）。現在把你的頭往下垂，直到頭頂碰到前面的地板。雙手放在頭的兩側，手掌往下貼地，支撐身體部分的重量，同時保護你的頭，避免過度的壓力。

　　讓你的胸腔充滿空氣，腹部向內縮；然後收縮你的胸腔，再度擴張腹部。重複 25 次。在練習時觀察一下，當胸腔擴張時，身體會向前朝著頭部的方向過去，頭本身會在地上往前滾動一點點，下巴往後朝著胸骨過去，而脖子後面和背部的肌肉伸長緊繃，同時脊椎稍微向上拱起一點點。

　　在另一方面也觀察一下，當腹部向外推時，骨盆會往後向下一點，好像要往後去坐在自己的腳跟上。背部的弧度變小，而骨盆的脊椎形成凹線。

　　重複 25 次之後平躺下來。觀察呼吸有什麼不同，以及背部跟地面的接觸有什麼改變。

蹺蹺板動作是如何影響呼吸的

　　相較於之前的練習，這一次的練習對於呼吸的影響會比較

5　譯註：很多人可能會覺得這個動作不舒服，記得在舒服的範圍內做動作，多多休息，但若還是不舒服，建議以想像的方式進行這個練習。

大。在站立的姿勢中，肺部和其他呼吸器官是懸掛著的，同時被自己的重量往下拉到可能的最低位置。當空氣進入身體時，需要有主動向上提的力量，才能讓肺部擴張。

在上一個練習，也就是頭頂碰地的姿勢中，肺部的重量會把肺往頭的方向拉，吸氣時不需要有向上提的力量，但是吐氣時，就需要費點力讓肺部提回到它洩了氣的位置上。我們也應該要記得，肺部組織本身並沒有肌肉，因此移動肺部的工作是由肋骨、橫膈膜和腹部的肌肉來執行的。

你曾經觀察過嗎？當我們平常站著的時候，通常是吸氣快而吐氣慢的。舉例來說，當我們講話時，一個句子和下一個句子之間很少有停頓。因為我們是在延長吐氣的過程中說話的，而吐氣的過程得以讓聲帶運作。但當頭頂碰地時，吐氣的過程短暫而且迅速，而吸氣的時間被延長。試著透過自己的經驗來查證這個現象。

脊椎的彎曲和骨盆動作

跪下來，雙膝分開，以跟之前一樣的方式倚靠著你的頭和手，把左膝往頭靠近一點，重複做胸腔和腹部輪流的翹翹板動作。當胸腔擴張時，身體會跟之前一樣，大約往頭的方向往前移動；不過當腹部向外推時，骨盆會往後移動變成坐姿，而骨盆只會往右腳跟的方向移動，並且臀部會有些扭轉而不再與肩膀對齊。

現在我們可以觀察到脊椎有兩種不同的動作：一個動作

是跟之前一樣凸起和下凹的動作；另外一個是相對於肩膀來說，骨盆向右和向左的動作。

當你完成 25 次動作後，平躺下來休息。同時觀察胸腔的改變、呼吸的改變，以及背部和地面接觸的改變。

現在再次跪著，換成右膝比左膝靠近你的頭部一點，做另外 25 次胸腔和腹部的蹺蹺板動作。

觀察現在的姿勢和之前的姿勢中，骨盆動作有什麼差別。試著去找找看，造成差別的主要原因是什麼。如果你現在找不到答案，隨著時間過去，當你觀察和區辨動作的能力增加之後，你慢慢會學到。

讓你的背變寬（腿部的姿勢如圖 1）

坐在地上，彎曲膝蓋向外張開，打開的寬度足以讓兩腳掌心相對貼一起放在中間，腳掌外緣放在地上。將你的右手放在左胸腔下面的肋骨上；左手放在右邊下面的肋骨上，好像抱著你的背。讓頭低下來，把胸腔往外推，腹部向內縮；然後用反過來的方式呼吸。重複練習這些動作。

觀察背部肋骨在你的手指下的擴張。胸腔的前面並沒有擴張，因為有一部分的肌肉在執行抱住背部的動作。這一次肺部的擴張，主要是因為背部下面肋骨擴張的結果。這是最有效率的呼吸動作，因為呼吸發生在肺部最寬的地方。

做 25 次這個的動作。觀察你的背部的肋骨，它們有持續在動嗎？

　　站起來，觀察你的身體是否比練習之前還要挺直。感覺你肩膀擺放的狀態，應該會顯示出不小的差異。看看你的呼吸，毫無疑問會比平常好。你不可能只靠知識上理解呼吸的機制，就做到這樣的呼吸，因為這樣的改善是實際練習的結果，讓我們朝著嚮往的方向更邁進了一步。

圖 1

坐在地板上……雙手靠在背後的地上……膝蓋向兩側打開……兩
腳掌心相互貼在一起。

圖 2

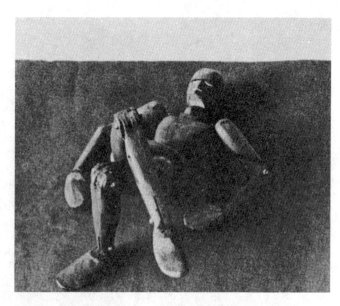

平躺，膝蓋彎曲站起來，右腿跨過左膝。

圖 3

回到一開始的姿勢……雙腳掌站在地上……舒服地張
開……雙手臂舉起來……雙手掌心相碰觸，好像是拍拍
手的姿勢……雙手臂往空中延伸，手肘伸直（譯按：但
輕鬆伸長不緊繃）。

圖 4

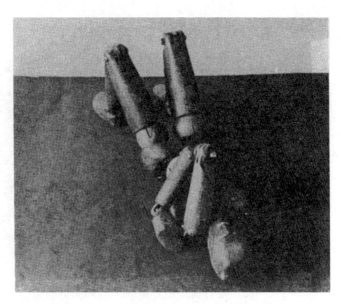

舉起左手臂，右手臂放在左邊腋下。握著左邊肩胛骨。

圖 5

雙膝彎成直角……腳掌心朝向天花板……想像你的兩腳
踝……兩膝用一條繩子綁在一起……雙腿一起往側邊傾斜。

圖 6

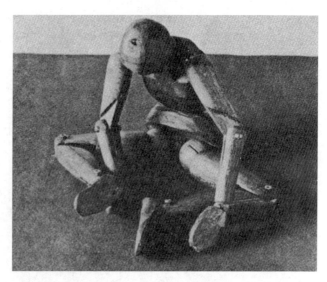

膝蓋向兩側打開……雙腳掌外緣觸碰地板……你的右
手掌朝上……指尖放在右腳跟下面……大拇指和其他
手指在一起，放在腳跟下……把腳跟抬高一點點。

圖 7

用左手輕抓腳趾……這樣就可以讓小腳趾放在你的左
手掌上。

圖 8

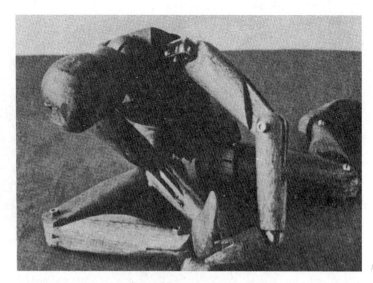

再次坐起來……身體輕輕往右一點點，這樣你的右膝和右腿就可以放在地上……為了不妨礙動作，左腳必須移動，往左甚至向後伸出去……然後頭向右多轉一點，越過右膝蓋。

圖 9

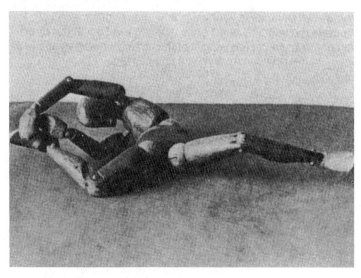

……你的頭多向右一點點，越過膝蓋……靠近地板……你會忽然發現自己在滾動……滾過你的右肩胛骨，左腿會往空中去，而且大概左邊肩胛骨也離開地板了。

圖 10

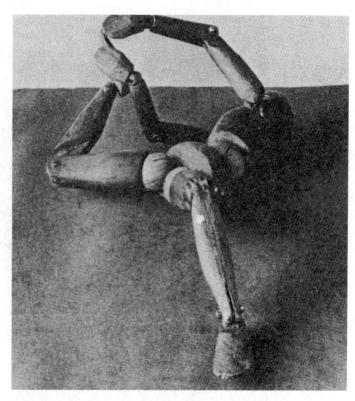

從平躺、背著地的姿勢，向右滾動……左腿會或多或少有
點去平衡你的重量……你的右膝……觸碰到地板……頭朝膝
蓋方向接近地板……左腿的重量讓你能夠……坐起來……讓
你回到一開始的姿勢。

圖 11

把右腳掌舉到你的前面……舉高一點──更高──舉到最高點……把腿彎曲靠近你自己……低下頭來;或許你可以讓腳掌非常靠近你的頭頂……

圖 12

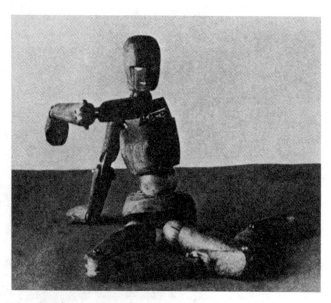

……把你的手和頭往右邊轉……然後從這個姿勢……讓雙眼隨著頭一起動,回到左邊(譯按:手不動)……你往左邊看。

圖 13

坐在地上。身體倚靠放在背後的右手上……彎曲你的左腿……往左邊彎曲放在地上接近你的臀部……右腳掌靠近自己……放在你的左膝附近……舉起你的左手……放在眼前。

圖 14

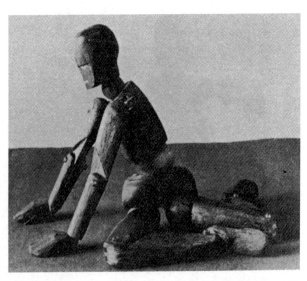

……再次坐起來……轉動兩邊肩膀和頭，讓自己可以倚靠在右側的雙手上……

第五課：
屈肌和伸肌的協調

Coordination of the Flexor Muscles and of the Extensors

在這堂課裡，你將會學習如何增加背部暨脊肌的收縮，不僅如此，腹部屈肌的持續收縮，也會增加背部伸肌的肌張力；你將能夠延長那些扭轉身體的肌肉，並藉由啟動頸部前面的拮抗肌來延長頸背的伸肌，並以此來改善頭部在直立姿勢中的平衡。除此之外，你也會學習改善頭部和軀幹動作的分化（differentiation）。[1]

1　譯註：區分或分化，是費登奎斯方法中一個很重要的概念，在這裡指的是：頭部和軀幹各自分開的獨立動作。

在扭轉動作中，壓力行進的路徑（圖2）

平躺；將雙腿伸長，兩腳分開。雙膝彎曲，雙腳掌站在地板上，雙腿交叉，右腿跨在左腿上。

讓兩邊的膝蓋都向右傾斜，如此，雙腿的重量就只是靠左腳來支撐。右腿的重量會幫助兩條腿向右朝向地板的方向下沉。[2]

現在讓你的膝蓋回到自然中立或原來中間的位置，然後再一次讓它們向右傾斜。重複25次。雙手臂應該放在身體的兩側。當你的膝蓋回到中間的位置時，吸氣，讓兩邊肺部都充滿空氣；當膝蓋向下傾斜時吐氣，於是每一組動作就會在一次呼吸循環中完成。[3]

當雙腿往下沉時，觀察骨盆的動作。骨盆左邊會稍微抬離地面一點，並且被牽往左大腿的方向；脊椎會被骨盆帶過去，然後這個轉動會讓胸腔被脊椎牽動，直到左肩胛骨有點離開地板的傾向。雙腿繼續向右傾倒，直到左肩離開地面；然後再讓雙腿回到中間。試著去觀察，扭轉的動作是沿著哪條路徑從骨盆傳達到左肩，也就是說，透過哪幾節脊椎和肋骨來進行的。

由於後腦勺放在地上，所以當然，藉由發生在頭部和地板之間的動作，我們也能感覺到脊椎的動作，因為頭會被脊椎所牽動。隨著膝蓋向右往下沉，你的下巴會越來越接近胸骨；然後當膝蓋回到中間時，頭就會像之前一樣平放著。

將雙腿伸長，等一下，然後再試著去感覺骨盆哪一邊

的變化比較大。其中有一邊會比較貼平於地板，與地板的接觸範圍比較完整。那是哪一邊呢？

膝蓋的動作（圖3）

雙膝彎曲[4]，雙腳分開，膝蓋張開，讓兩邊膝蓋各自垂直於自己同側腳掌的上方。更好的方法是，先讓雙膝靠在一起，然後再把雙膝慢慢分開，重複幾次直到你能夠清楚感覺到，膝蓋就在腳掌的正上方。也就是說，在這樣的姿勢中，肌肉無需費任何的力來防止雙膝往中間倒，或防止它們往兩邊倒下去。

把雙手臂舉起來朝向天花板的方向，在你眼睛的上方，雙手掌心相貼，好像是拍拍手的姿勢。現在，你的肩膀、肩胛帶和雙手臂會形成一個三角形，兩個手腕合起來的地方是三角形的頂點，它們相貼放在一起。現在，好像有人把你右肩膀提起來一樣的方式，讓右肩胛帶抬高離開地

2　譯註：剛開始時，請在舒適的範圍內去做雙膝向右傾斜的動作，不要忽然把腿往下掉，也不要勉強去把動作範圍加大，不然背部很容易會拉傷或帶來不舒服的狀態。「朝向地板」是一句方向的引導語，沒有暗示要靠近地板，因此雙腿有沒有靠近或碰到地板並不重要，這不是拉筋的動作。不要著急，只要注重動作的品質，慢慢練習，動作幅度會自然變大。

3　譯註：當能緩慢地、舒適地做這個動作之後，再逐次漸進加大動作，進行以下比較大幅度的動作，但請記得仍然以緩慢舒適、保護自己為原則。

4　譯註：雙腳掌站在地上。

面，雙手都往左邊朝向地板的方向傾倒。之前三角形的形狀保持不變，手肘輕鬆地伸長不彎曲；手掌黏在一起不要讓它們滑來滑去。好，然後回到中間，吸氣，骨盆的動作不要超過它所需要的，也就是骨盆沒有不必要的動作。

當吐氣時，讓你手臂所形成的三角形往左邊傾斜。重複整個動作 25 次。看看你是否必須要讓頭抬離地面才能執行這個動作？而當臉不向左轉時，你雙手臂向左的動作可以有多遠？

休息一下。哪一邊的肩膀會比較扎實穩定地放在地板上休息呢？再次把雙膝彎曲起來，雙腳掌站在地上。右膝跨在左膝上，讓兩邊的膝蓋都往右邊沉。看看現在你的膝蓋是否（自然而然地）比之前多下降一些呢？或是沒有？

雙膝交換，也就是將左膝跨在右膝上。讓兩邊膝蓋向左邊下沉，然後再回到中間，重複 25 次。休息一下，觀察現在身體哪一側比較接近地板，跟地板有比較好的接觸。

再次讓膝蓋往一邊傾斜，然後觀察現在傾斜的程度是多遠、輕鬆的程度是多少。你必須先做這個動作，因為在下一階段練習完成後，你才會有基準點來觀察改善的狀態。而在下一階段裡，動的是身體的上半部。

肩胛帶向右的動作

以跟之前一樣的方式，把雙手舉起來形成三角形。讓雙手臂往右邊傾斜，像之前往左邊的動作一樣，做 25 次動作。

休息，同時觀察肩膀接觸地面的變化。

再次讓你的膝蓋往左邊傾倒，觀察在做了雙手臂和雙肩向右的動作之後，有沒有帶來什麼樣的改善？如果動作範圍變大的話，是因為肋骨和肋骨之間的肌肉變得比較鬆弛，如此可以讓那些脊椎骨可以比較自由地轉動。

進行膝蓋動作的同時，一起同步把頭抬起來

把右膝跨在左膝上，讓兩邊的膝蓋自己向右邊倒，不用特別施力。

雙手十指交扣放在頭後方，用手幫忙把頭抬起來，當頭抬起時，讓兩邊手肘在你面前互相靠近。然後，讓你的頭回到地上，手肘也放回地上休息。

現在先讓肺部充滿空氣，在你正要開始吐氣時，用同樣的方式再次把頭抬起來，雖然你的骨盆和雙腿是往右邊轉動，但你的頭是向正前方、直直地抬起來的。

重複 25 次，當你每一次開始吐氣時，把頭抬起來。在做這個練習的同時，觀察肋骨、脊椎、骨盆和地面接觸的改變。

休息一分鐘，並且觀察身體哪一部分，是最可以完全往地板下沉的。

以另一種方式十指交扣

將左膝跨在右膝上，在舒服的範圍內，讓兩邊膝蓋盡

可能地向左倒。以跟平常相反的方式十指交扣。

現在不要思考，再次將十指交扣——你可能又回到了慣性的交扣方式——然後轉換成另一種方式，並觀察這小小的改變，如何影響了肩膀和頭的姿勢。甚至可能在你看來「一切都歪歪的了」。

抬起你的頭，重複之前的動作，非常仔細地注意所有的細節。做完 25 次動作之後休息，然後觀察你的背部跟地板接觸的感覺有什麼不同。

骨盆區域附近脊椎骨的變化

平躺，膝蓋彎曲起來往上帶，雙腳掌站在地上，十指交扣放在後腦勺，當吐氣時把頭抬起來，重複 25 次。

用這樣十指交扣放在後腦勺的姿勢躺著休息幾分鐘。試著仔細地去注意，骨盆區域附近每個脊椎骨，發生了什麼細節上的變化。這很有可能是你這輩子裡的第一次，不必刻意有意識地用力，這些脊椎骨就能平貼在地上。也或許它們只是往下沉一點，因為背部的肌肉仍然餘留著一些需要被鬆弛的、過度緊繃的張力。

雙手臂交叉時，輕輕轉動、來回搖晃身體（圖 4）

平躺，雙膝彎曲，雙腳掌舒服地站在地上，雙腳適度地分開。右手穿過左邊的腋下，放在左邊的肩胛骨上；左手臂在右手臂上，左手在右肩上。[5]

現在輕輕轉動你的身體，從右到左，然後再回來。當向右轉時，用你的右手把左肩抬離開地面；向左時，左手把右肩抬離地面。不要試著運用骨盆來幫助這個動作，只要輕輕轉動上半身，從一邊到另一邊，重複25次。開始時是緩慢的動作，然後逐漸慢慢加快速度，直到你能以輕鬆的韻律、自由地輕輕搖晃。

休息一下。雙手臂上下交換，現在左手在右邊的腋下，而右手臂放在左手臂上。以這個姿勢再做25次，慢慢開始，然後再逐漸加快速度。

頭不動時，輕輕轉動、來回搖晃的動作

休息，同時試著回憶，在剛剛的練習裡，你的頭有沒有參與身體輕輕轉動、左右兩邊來回搖晃的動作？幾乎可以肯定是有的。這一次，將雙眼的視線固定在天花板上某個容易看得到的點。跟之前一樣抱著你的肩膀，重複身體兩邊來回滾動、輕輕搖晃的動作，由於在做動作時，你的骨盆保持不動，同時眼睛視線固定在那個點上，因此這一次，你的頭並不會參與身體轉動的動作。這個動作不是你所熟悉的，因為對於這個移動肩膀但頭不跟著肩膀做同方向的動作，你是不習慣的。

5　譯註：如果覺得手放在肩胛骨上有點勉強，手放在腋下或接近就可以了。

休息一分鐘。

然後重複身體輕輕轉動、左右兩邊來回搖晃的動作，不過這一次讓你的頭跟著肩膀一起動。現在，當你的背部繼續動作時，再次藉由眼睛盯著天花板某一定點的方式，來停止頭部的動作。觀察當你學會了將頭部和肩膀的動作區分開來之後，身體轉動的動作有什麼改善。

頭和肩膀相反方向的動作

休息。然後繼續跟之前一樣身體輕輕轉動、左右兩邊來回搖晃，也就是背部在地上滾動的動作，但是這次你的頭和眼睛轉動的方向，與肩膀相反。繼續以不同方向轉動頭和肩膀，確定自己讓這個動作相互協調，並且動作的品質是流暢平順的。

把雙手臂的姿勢對調過來，下面的手放在上面，再做 25 次頭和肩膀朝相反方向的動作。

休息，接著再次開始，這次讓頭和肩膀朝同一方向動作。觀察一下，即使你轉動的角度已經逐漸變大了，現在動作是否也更輕鬆、更連續？

靜靜躺著。一分鐘之後，試著去看看你的脊椎有沒有進一步的變化？現在是否整條脊椎都平貼在地板上了？甚至包含腰部的那些椎骨？

非常緩慢地站起來，走幾步，觀察現在你頭部的位置是怎麼擺放的，也觀察你的呼吸以及肩膀的感覺。你會發

現，不必刻意用力，你的身體就已經是比較筆挺直立了。
想想這些變化，你可以了解只在這麼短的時間內做這麼簡單
的動作，如何以及為何會帶來如此重大的改變嗎？

第六課：
運用想像的時鐘來作為
區分骨盆動作的方法

Differentiation of Pelvic Movements by Means of an Imaginary Clock

在這一堂課裡，你將會辨認出骨盆肌肉不必要和不自覺的用力，並且學習如何能更精細地去控制骨盆擺放的位置，以及如何改善脊椎的排列。你的能力將會增加，讓你得以協調頭和身體去做同向的動作，也能讓它們做反向的動作，而這可能可以改善直立姿勢時脊椎扭轉的動作。在比較原始本能的動作中，眼睛、頭和軀幹是一起向右轉和向左轉的，覺察到這樣的傾向，可能就可以讓各部分以個自獨立、或以不同的組合方式來進行轉動的動作，而以上這些會讓轉動變得比較輕鬆，同時，可旋轉最大角度的範圍也會增加。你也將進一步研究，動作在身體內引起的感官知覺，與四肢在空間中的位置，這兩者之間的關聯。

改變腰椎彎曲的弧度

平躺，彎曲膝蓋，雙腳掌站在地上保持舒適的距離，大約與髖部同寬。雙手放在身體兩側的地上，同樣保持舒適的距離。

運用背部肌肉的力量把髖部抬離地面 [1]，於是腰椎會在地面上形成一個拱形。試著將這個拱形變大，大到可以讓老鼠跑過去。你會感覺雙腳緊抓住地面。藉由骨盆上半部抬離地面的動作，將可以幫助髖關節前面的肌肉，並且導致尾椎壓力的增加。

骨盆上的時鐘

想像你骨盆的背面畫了一個時鐘的鐘面。數字6在尾椎上，12在骨盆的頂端與脊椎相連接的地方，這個點是你可以用手指頭指認出來的（這個點在第五節腰椎的底部）。把這個想像的鐘面留在腦海中，我們就可以說，在剛剛所進行髖部被抬高的動作裡，骨盆大部分的壓力是在6點鐘的位置上。

如果我們現在完成時鐘鐘面的話，3點鐘會在右髖關節的地方，9點鐘會在左髖關節，而其他鐘點會被標示在兩者之間適當的位置上。

再試一次，把骨盆跟地面大部分的壓力轉移到6點鐘的

1　譯註：骨盆的下半部，也就是臀部肉最多的地方還是留在地上，腹部向前凸出來。

位置上，也就是尾椎。你的背部肌肉會製造出腰椎的拱形，骨盆和膝蓋的肌肉收縮會增加這腰椎拱形的弧度。而這樣的收縮會牽動你的雙腳掌，但它們仍是穩穩地站在地面上的。

　　現在把大部分的壓力轉移到 12 點鐘的位置上，這表示你的骨盆頂端和腰椎現在會貼平在地上，當然，尾椎會離地，雙腳掌受到的壓力會增加。

把呼吸從動作中分離出來

　　回到 6 點鐘的位置，然後再到 12 點鐘，來來回回，重複 25 次。慢慢逐漸減少使用的力氣，讓從一邊到另一邊姿勢的轉換不要那麼突然、也不要那麼急促，同時試著把呼吸從動作中分離出來。你的呼吸應該保持安靜和輕鬆而不受到姿勢轉變的影響；在順暢地進行姿勢轉換的同時，骨盆的動作應該是緩慢且連續的。

　　將你的雙腿伸長，研究你骨盆的感覺。試著精準地去觀察，現在有哪些跟地板接觸的點變得不一樣了。你注意到了嗎？一旦你的呼吸能跟動作分開來，你頭部的動作就會開始跟骨盆的動作相互協調一致，就好像是比較小規模地「複製」了骨盆的動作。

頭後面的時鐘

　　現在讓我們想像，頭後面有一個小的時鐘鐘面。鐘面的中心是頭放在地面時，承受最大壓力的那個點。當骨盆最

大壓力點是在 6 點鐘位置的姿勢時，頭會被脊椎往下拉，於是下巴會碰到喉嚨，而大部分的壓力現在會來到頭後面 6 點鐘的「刻度」上。當骨盆的壓力來到 12 點鐘的位置時，脊椎會把頭推回去，下巴被推離喉嚨，而最大的壓力點會朝頭頂的方向轉移——在頭部 12 點鐘的「刻度」上。

做這個骨盆的動作 25 次。將骨盆的重量從 12 點鐘轉移到 6 點鐘，然後再回到 12 點鐘，但這一次要確定，自己沒有阻止頭去重複骨盆的動作。

觀察這個動作如何影響你呼吸的過程，還有你的身體如何把骨盆的動作傳遞到你的頭，以及往相反的方向傳遞。休息一分鐘。

再次彎曲膝蓋，把骨盆傾向 3 點鐘的位置，也就是右邊的髖關節。現在，你左腳掌所承受的重量會比右腳掌來得多，而且左髖關節會離開地板，而右腿的壓力會稍微減輕一些。接下來我們做相反的動作，把重量放在 9 點的位置。把骨盆從右到左，從左到左右來回滾動，重複 25 次。

當胸腔沒有不必要的緊繃，而且不去干擾你呼吸的韻律時，觀察你的頭是如何小規模地重複這個動作的。休息一分鐘。

以連續的動作繞著時鐘轉

再次彎曲膝蓋，雙腳掌站在地上，傾斜骨盆把重量放在 12 點鐘的位置上。現在把接觸地面的點移到 1 點鐘的位置，

然後回到 12 點鐘，重複 5 次。現在讓骨盆從 12 點鐘經過 1
點鐘到 2 點鐘的位置，再回來，重複 5 次。然後接下來，
以相同的方式（經過 1 點鐘和 2 點鐘）把骨盆的重量移動到
3 點鐘的位置。

重複每個動作 5 次，之後每次逐步增加一個數字，並且
重複動作，直到抵達 6 點鐘的位置，然後再重複回到 12 點
鐘。每個動作應該以畫一個連續弧線的方式來進行，在經過
中間的數字時不要有所停頓。

觀察自己對於骨盆抵達它確切位置的覺察，如何變得
越來越精準；並且也觀察重量的移轉是否以真正的弧線來進
行，從一鐘點到下一鐘點的過程，不再是不平穩、斷斷續
續或突然急拉的直線動作。

停止動作。雙腿伸長打開來平躺在地上，觀察骨盆的
左邊和右邊有什麼不同。當你在休息的時候試著回想，你的
頭是否以自己的幅度去跟隨骨盆的動作。我們做很多事情都
是不自覺的。

回到 12 點鐘的位置。把骨盆的重量轉移到 11 點鐘，然
後回到 12 點鐘，重複 5 次。經過 11 點鐘到 10 點鐘，再回
去。像之前那樣繼續進行，直到你抵達 6 點鐘的位置。

休息一分鐘，觀察自己的身體發生了什麼事。

把弧線拉長

將骨盆大部分的壓力轉移到 3 點鐘，也就是右邊髖關節

的地方。將重量移到 4 點鐘，回到 3 點鐘，繼續移動到 2 點鐘。然後從 2 點鐘經過 3 點鐘到 4 點鐘，再回去，重複五次。每次做動作時，兩邊逐步各增加一個小時。

下一個動作會把你從 1 點鐘帶到 5 點鐘，再下一個動作會從 12 點鐘到 6 點鐘。重複每個動作 5 次。

休息，同時觀察在這項練習之後，骨盆和地板的接觸所發生的變化。

在左邊重複這一系列動作，以 9 點鐘做為起始點。

休息。你是否有去觀察頭部的動作呢？你有注意到兩腳掌在做什麼嗎？或是身體其他部分發生了什麼事呢？

整體和它的局部

用你的骨盆在地上做 20 個順時針轉圈的動作。在做這個動作時，試著將身體視為一個整體的狀態來進行觀察，同時也獨立分開觀察各個局部的狀態。讓你的注意力以有系統的方式，從身體的某點移到另一點，但不要失去把身體視為一個整體的視野。你整個身體傳達出來的感覺將只是形成一個背景，於是當然會比較不清楚。這有一點像是在閱讀時我們所做的事：我們快速一瞥掃過整個頁面，但這樣的印象並不清楚到足以讓我們理解裡面的內容；我們只能領會那些確實有看清楚的字詞它們所傳達的字義。

在不停止骨盆和頭順時針的動作下，觀察你頭部的動作。專注於輪流以頭部引導動作，然後以骨盆引導動作。

觀察動作的品質如何逐漸穩定地改善，變得越來越連續、平順、精確和快速。

休息。以逆時針方向做 20 次骨盆和頭部的動作。

思考有關於「客觀判斷 V.S. 主觀判斷」

到目前為止，我們已經想像了畫在身體上的鐘面，刻度是接觸地板的受壓點。現在想像 6 點鐘和 12 點鐘的刻度是畫在地板上，在腦海裡測量這兩點之間的距離。然後在腦海裡測量自己身體上同樣的距離，同時注意一下兩種情形所產生的距離感有什麼不同。哪一種比較具體？哪一種比較正確？在第一種情形（地上）裡，你的判斷是比較客觀的；而在第二種情形（身上）裡，你的判斷則是比較主觀的。

隨著這堂課的進行，你會發現在這兩種情形下，自己的判斷會不同，不過主觀的評估會逐漸趨近於客觀的評估。換句話說，相較於客觀的評估，主觀感覺運作的範圍比較寬廣，而客觀評估只將我們的認知能力局限在周遭簡單的物質現實裡。具體現實強加了必要的限制，但那是適用我們所有人的最低公分母。任何神經系統的真正能力只能透過個人的特徵——也就是一個人自己獨特的人格——來評估。經由這樣的檢驗，個人之間的差異是極大的。當這些概念獲得比較廣泛的接納時，普遍的水準就會提升，因此個人之間差異的幅度會拉鋸地更大。

內在與外在的接觸

再次以骨盆進行順時針的轉圈動作。這一次，想像你身上鐘面的數字有一點凸出來，當壓力點通過這些數字時，它們會在地上留下一個印記，就像是橡皮圖章一樣。讓你的注意力跟隨著骨盆上的每個數字，以及它們留在地上的印痕。這就是我所稱為的「內在接觸和外在接觸輪流交替地建立」，直到兩者結合為單一的必要基本運作。

休息。跟之前一樣，相對於地板，觀察整個身體的姿勢發生了什麼改變。

以骨盆逆時針方向的動作，重複這個練習。

休息，同時回想在這堂課剛開始的時候，你的身體是如何躺在地上的，請在腦海裡指認出這些改變。現在對你來說，改善似乎已經達到了巔峰，因為無論是縱向還是橫向，你的骨盆應該會平放下來靠近地板。不過並非如此，因為事實上，動作的改善是永無止境的。

更多的骨盆旋轉

彎曲你右邊的膝蓋，左腿以某個角度往外張開保持伸長。以順時針的方向做 20 次骨盆動作。跟之前的動作比較起來，注意現在給地板的壓力，在哪個「鐘點」的時候比較大，在哪個「鐘點」的時候較小。

在左膝彎曲[2]的姿勢下，以逆時針的方向做 20 次骨盆動作，同時看看哪個鐘點的標記變得比較清楚。那些現在變

得比較不清楚的鐘點，會跟那些右膝彎曲時比較不清楚的鐘點是對稱的。

雙腿伸長，觀察你的骨盆跟地面的接觸有沒有任何進一步的改變？你會再一次發現，唯有當改變發生之後，我們才能清楚地覺察到之前的姿勢是什麼。

躺在地上，雙腳分開，以順時針方向做骨盆旋轉的動作。現在觀察看看在哪個位置時，骨盆向下壓的力量比較強，哪個位置比較沒那麼強。反方向做動作，並注意兩者間的不同。

右腿跨在左膝上。做 20 次順時鐘動作，接著 20 次逆時鐘動作。休息，觀察看看結果。

然後左腿跨在右膝上，像之前一樣重複動作。

休息至少一分鐘後，非常、非常緩慢地，滾到一邊側躺然後站起來。相對於脊椎，觀察骨盆的角度，觀察呼吸的品質，以及雙手臂和雙腿的動作，它們有什麼改變。你可以感覺到眼睛和臉部肌肉有什麼不同嗎？

下一階段會發生什麼事？

在接下來的階段裡，這堂課所用過的身體姿勢會成為新的動

---

2   譯註：右腿伸長。

作模式，因為我們應該要學習頭和骨盆以相反的方向動作。當頭是順時針動作時，骨盆會以逆時針方向動作。這帶來的改變會改善身體意象，改善身體各部位彼此之間的關係，以及改善動作的連續性，這表示對於身體控制的程度再更進一步的提升了。

　　當覺察進一步發展之後，我們應該再增加一個元素，也就是雙眼的動作。它們可以以同於骨盆，但相反於頭的方向來動作；或者可以以同於頭，但相反於骨盆的方向來動作。隨著覺察能力的日臻成熟，理解能力也會跟著擴展，超越原來的限制。

　　骨盆繞著鐘面的動作，還可以嘗試其他姿勢，例如用前手臂把自己撐起來，雙膝彎曲向兩側張開，同時讓雙腳掌心相對碰在一起；或是坐起來，雙手放在身後的地上支持自己。在這兩種姿勢下，還有許多變化形可以運用。

第七課：

頭如何擺放會影響
肌肉系統的狀態

The Carriage of the Head Affects the State of the Musculature

在這堂課裡你將會研究，全身所有的肌肉是如何仰賴頭部和頸部肌肉的運作（頭的動作變得越自由、越輕鬆，頭可以轉動得越遠，就能越輕鬆地轉動全身，並達到解剖學上可動範圍的最大可能性）。你會發現想像動作的立即影響，並且學習將動作的預設意象（projected image）以及動作實際的執行（actual execution）區分開來。學習這兩者的區分，將可以改善肌肉的施力，讓肌肉施力的大小有更多不同的層次；你也會發現，覺察這兩者的區辨，是讓肌肉動作變得更精細的方法。

雙腿向右旋轉（圖 5）

腹部朝下趴著，雙手掌放在地板上，一手交疊在另一手上，這樣你就可以把額頭放在手上。兩腳分開與髖部同寬，雙膝彎曲雙腳板抬離地面，兩腳板相互靠在一起。你的膝蓋和大腿差不多成直角，兩大腿分開，你雙腳掌心朝向天花板。

雙腿向右旋轉，也就是讓它們向地板下沉，但是左膝不離地。為了可以做這個動作，當右腳板接近地面時，左腳板必須沿著右腳踝下滑到右腿上。當你的雙腿回到開始的姿勢時，左腳板會沿著右腿經過腳踝滑回來，跟右腳板靠在一起。重複這些動作 25 次，同時觀察這個轉動的動作，會透過身體骨骼結構的哪些部位，從雙腿傳到頸部的脊椎。

觀察當雙腿向右的動作時，哪一邊的手肘會有一點被拉往腿的方向，而當雙腳回到中間時，這隻手肘又如何回到原來的位置？當然，手肘的動作是非常小的，但也大到足以被觀察到了。

臉朝向左時，雙腿向右的動作

把你的左手掌放在右手的手背上，將頭往左轉，同時讓你的右耳和右頰貼在手上。再一次，雙膝彎曲，讓你的雙腿往右下沉，然後讓它們回到中間。觀察你前面的肋骨，並且注意當雙腿向右倒時，胸骨某一側的壓力會漸漸增大。調整你的姿勢，讓胸腔變得比較鬆弛來減輕肋骨承受的

壓力，同時讓壓力擴散到比較大的區域，直到你可以把壓力減到最小。在每一次做腿的動作時，跟隨著它的影響，觀察脊椎如何一節一節地往頭的方向傳遞；同時檢視這些椎骨轉動的動作是規律的？還是在某些區域裡，幾個脊骨是整體一起動，而並非一個接著一個的動？注意當你的頭往左邊轉時，腿的動作是否變大了。

平躺著檢視

做完 25 次動作後，平躺休息，同時檢視你整個身體，看看跟地板的接觸是否有任何變化。讓頭在地板上從右到左來回轉動幾次，並觀察往兩邊轉的動作是否有任何差異，意思是說，相較於往左邊轉，當你的臉往右轉時，動作是否比較容易、平順，所畫的弧度比較大，或是比較不好轉動。

臉朝向右時，雙腿向右的動作

再次趴在地上，把左手手掌放在右手上面。頭向右轉，於是你的左臉頰和左耳放在手上面。繼續旋轉兩邊的小腿讓它們往右邊倒下，在做這動作時，確定你兩膝之間的距離沒有改變。跟之前一樣，讓左腳沿著右腿往下滑。

觀察現在脊椎扭轉的程度是不是變大或是變小？雙腿向側邊的動作，有沒有比較容易，還是比較困難？對腿的動作來說，把頭轉向右邊，是阻礙還是幫助？

脊椎的扭轉和呼吸

　　想像有根手指沿著脊椎前進，從尾椎到頭顱底部，沿途上遇到每一節椎骨和椎骨分開來的地方，就停下來做一個標記。我們以這樣的方式比較容易檢視出，是否有某一節的椎骨發生任何動作；用這樣的方式也比較容易看到哪裡的扭轉是漸進的，哪裡比較明顯。

　　注意在過程中的哪個時刻，你的肺是充滿空氣的：是你的腿回到中間的時候？還是在動作的階段，當雙腿在旋轉的時候？為了讓你趴在地上時，有比較容易且更大範圍的扭轉，你的胸腔應該把空氣清空，你的肋骨肌肉變得柔軟鬆弛。

　　平躺休息一分鐘。

頭不動，膝蓋合在一起

　　翻過來趴著，頭往左邊轉，讓右耳和右臉頰放在地上。雙手十指交扣放在左耳上，雙手肘放在頭兩側的地上。這個姿勢是為了讓手臂形成的框架，在你的左臉上輕柔但持續的施力，並藉此逐漸加大頭往側邊轉動的角度。透過軀幹的工作會讓脊椎的動作變得比較輕鬆，而你手臂的重量只是幫助你去感覺這其中所帶來的改變。

　　把你的雙膝靠在一起，然後彎曲膝蓋讓它們大約成直角，你的腳掌心現在是朝向天花板的。讓雙腿往右邊傾斜，但這一次要確定雙腿仍然合在一起，就好像兩邊膝蓋、和兩邊腳踝是綁在一起的。現在你會發現，只有當你

的左膝和左大腿離開地板時，雙腿才能往右側傾斜。回到中間，然後再次讓雙腿傾斜。重複 25 次。

讓你的身體變柔軟

　　安排動作的時間和韻律，讓你可以在吐氣的時候開始腿部的動作。注意沿著你整條的脊椎，逐漸一節一節地扭轉，尤其特別注意上面的胸椎，以及頸背比較下面的那幾節頸椎。骨盆的扭轉會造成脊椎的延展。注意左手肘感覺到的動作，同時在每一次動作時，試著延長你的身體來讓腿的動作越來越平順，動作軌跡的弧形越來越圓，尤其當你改變雙腿動作的方向時，要特別注意到這點。

頭部動作的改變

　　等你完成這些動作之後，讓你的頭非常緩慢地逐漸回到中間的位置。頸椎和頸背肌肉發生的變化有可能非常的大，以致於在這個階段，若不顧及發生的改變，就貿然去執行第一個平常的動作，很容易會成為最不愉快的經驗。不過在經過第一個小心、緩慢的動作後，就不需要再特別的小心了。相反的，在做這項練習時頭朝向哪個方向，哪個方向的頭部動作就會有非常明顯的改善。

　　翻過來平躺，讓你的頭在地板上休息，把頭向右轉，然後向左轉。觀察動作是否真的改善了，而且在剛剛最後練習裡那個方向的動作，是否變得比較連續和平順，而且轉的

角度是否也比另一邊來得大。

當你擁有新的時，就丟掉舊的吧

在某個特定姿勢的大量連續動作後，回去做一般平常行為時，經驗到了不舒服、甚至疼痛的情形，是一個有趣的現象。除了肌肉習慣的動作模式之外，我們無法使用自己的身體。當大多數肌肉、或那些至少是主要執行動作的肌肉輸入了廣泛的改變──一個動作重複 25 次之後，我們仍然指示我們的肌肉，讓它們回到原來舊有習慣的模式。

唯有改變的經驗和密切的關注能說服我們去做不一樣的思考，以及給與自己不同的指令；唯有因這個改變的經驗，導致我們去懷疑和抑制原來舊有習慣的模式時，也就是說，當發現這些舊有的模式，現在對我們來說是無效的、需要作廢的時候，我們才能夠接受新的模式，使它成為習慣或第二天性。

理論上來說，頭腦的思考和努力，就是所需要的一切，但在實際上去實踐時，這是不夠的。我們神經系統的建構就是讓習慣保存下來，而且會努力去讓習慣永遠保持下去。比起漸進的改變，突發創傷所帶來的震驚，更容易去終止一個習慣，這是一個根本的困難，而這也就是為什麼仔細觀察每一個進步，並且在每一系列的動作完成後要好好消化這些進步，是如此的重要。

因此，我們在感官知覺的能力上獲得了雙重的效果：我們會去抑制那些我們現在覺得不太對勁、沉重、而且是比較不舒服

的、舊有的並自動執行的動作模式；同時鼓勵新的模式，而這些
新模式會顯得比較容易接受、比較流暢，並且比較令人舒服和滿
意。我們因此所獲得的內在洞察，並不是智識上的──被證實
過的、被了解的；而且有說服力的──而是比較深入感官上的感
覺、個人經驗的果實。知道並且了解改變及其原因之間的關聯是
很重要的，因為如此，才能鼓勵我們在類似的情境下，足夠精
確地重複經驗來加強效果，同時把所獲得的改善，深深烙印在我
們的感官知覺裡。

較強的扭轉動作

　　再次趴著，頭往右邊轉，把左臉頰放在地上。以不熟
悉的方式十指交扣，然後以雙手包覆右耳，膝蓋併攏，像
之前一樣雙膝彎曲成直角。現在把雙腿往右邊地板傾斜。每
一次你雙腿接近地板時，你的右大腿和右膝會向它們的外側
轉動。頸椎會出現可辨識的扭轉效應，當然一開始時，你
的雙腿不需要儘可能地接近地板，即使可能做得到，但也是
不舒服的。持續逐漸地改善動作，重複 25 次。在此同時，
仔細觀察你的全身。

身體兩側感覺和動作的差異

　　休息。現在觀察躺在地上的感覺，跟這堂課開始的時
候相比，有什麼不同。慢慢站起來，稍微走動一下，觀察
頭部的動作、軀幹的直立姿勢、雙腿的控制、呼吸和骨盆

的姿勢，有什麼不一樣的感覺。看看你是否能察覺到右眼和左眼的感受有任何差異。照照鏡子，觀察你的臉部是否可以看到任何客觀的差異，來顯現出這是因為執行某一邊的腿部動作所造成的。

再次趴下來，額頭放在雙手上，盡可能用最簡單的方式讓雙腿往右側傾斜。現在雙腿若不是已經接觸到地板，就是至少比較接近，而且比你開始這堂課之前，動作會更為容易和平順。

平躺，檢視你身體兩邊跟地面的接觸，從腳後跟一直到頭頂。

在腦中回想

再次趴下來，在腦中演練這堂課中所有練習過各種不同的動作。這並不是非常困難的，因為我們從單純的開始，逐漸進展到比較精細複雜的動作——分別從脊椎上下兩端、從脖子背後以及從骨盆，來進行脊椎扭轉的動作。

當你能夠非常清楚地記起全部的動作時，以跟剛剛呈對稱的姿勢，把雙腿向左邊傾斜，來重複剛剛所有的動作，但只在你的腦中進行。意思是說，想像做這些動作時，你的肌肉和骨頭的感覺是什麼；只要做一點點、讓肌肉微微繃起的程度就夠了，不要做出任何大到會被別人看得到的動作。

這個方法所發生的效用會快得多。每個動作只要想 5 次就足夠了，不過你必須要數算動作才不會走神。沒有任何動

作還要專注是很困難的；相較於實際進行動作，在腦海裡想動作的過程是比較困難的，而事實上，大多數的人會寧願實際去做，而不願去想他們在做什麼。

每重複 5 次想像的動作之後就休息，同時審視結果。

覺察自我意象

慢慢地，你會覺察到一種陌生的感覺，對大多數人來說這是不熟悉的：一個比較清晰的自我意象。是一種關於肌肉和骨骼結構的新意象。跟原來習慣的意象比較起來，現在的意象會較為完整和精確，而你會很詫異自己為什麼沒有早一點就學到這樣的狀態。

趴著，並觀察哪一邊的動作比較好：是你實際做了那麼多練習的那一側？還是你只是想一點點的那一側？

第八課：
讓自我意象越來越完整
Perfecting the Self-Image

　　在這堂課裡，你將學習在各種不同的身體姿勢中，運用一組肌肉去進行某一特定動作。你將學習讓這個動作所運用到的幾個關節變得比較靈活有彈性，並在第一個小時之內，就能達到解剖學上可動範圍的最大可能性。你將學習頭部動作對肌肉張力的影響，學習想像動作對於真實動作的效果，以及學習阻止自己以語言化的方式來想像動作——而這一切都會讓身體意象日益完整。[1] 你也將會有能力可以僅僅透過「視覺化」或是「想」這兩種方

1　譯註：費登奎斯有時會將自我意象和身體意象混用，對他來說，兩者同義。他曾說過：「自我意象就是身體意象，這不只決定了我們對自己的看法，也決定了我們做什麼和如何去做。」

法，將身體實際做動作的這一邊所獲得的改善，傳遞給身體沒有實際做動作的另一邊。

把腳掌往頭的方向舉起來（圖6）

　　坐在地上，雙膝往外打開，雙腳掌外側放在你面前的地板上。把右手放在右腳跟下面，這樣的話你的腳跟就會放在手掌上。為了要做這個姿勢，把你的腳跟抬離地面一點點，讓手像楔子那樣放進地板跟腳跟之間。握住腳跟的右手，大拇指和其他手指要併攏在一起不分開。現在用左手握住右腳的四根小腳趾，左手大拇指穿過右腳大腳趾和旁邊的腳趾之間，左手合起來，右腳的四根小腳趾就會被左手握住（圖7）。

　　在雙手的幫助下舉起你的右腳掌，同時輕推腳掌讓它離開你的身體；接著以畫圓弧的動作輕拉腳掌，把它帶往頭的方向；然後把腳掌往下放回到原來的位置。重複動作，吐氣時把腳抬起來。為了要讓腳掌能流暢地完成朝向身體的動作，在舒服的情況下，讓頭往前低垂，這樣你的腳掌就可以逐漸慢慢舉得比頭還高，然後再回到地面。

　　繼續把腿抬起來，但是不要勉強，不要太過於努力，也不要強迫自己的動作。只要重複這個動作，在進行中讓一次比一次變得更平順、更輕鬆、更連續不斷也更舒服。觀察你的胸腔、兩邊肩膀和兩邊的肩胛骨，同時停止「努力」。

　　「努力」會妨礙動作的學習，阻礙動作變得更輕鬆容

易。一副沒有肌肉的骨架，如果要把它的腳掌高舉放在頭頂上，其實並不會有任何困難。肌肉形成了這個動作最主要的障礙，因為即使是在完全休息的狀態下，有些肌肉仍然會持續緊繃，比它們在解剖學上真正的長度還要短。

重複這個動作大約 20 次，然後躺在地上休息。

不帶覺察的動作

在進行一個不是很費力的動作之後休息，不是為了要重新恢復力氣，而是要研究動作時所發生的變化。這需要花一或兩分鐘，甚至更久，才可能觀察到這些變化。而結果是，在一個動作轉換到另一個動作之間，習慣於沒有足夠休息的人，無法觀察到一連串重複動作的後續效應。許多老師沒有給予學生他們需要的時間去探查各種動作的後續效應，即使是像思考這麼抽象的行動。

在不觀察、不區辨和不了解的情形下使用肌肉，就只不過是如同機械般的動作，除了產生結果之外並沒有任何價值；我們從一頭驢子，或甚至真正的機器上，都可以獲得一樣的結果。而這樣的工作，並不需要人類高度發展的神經系統。除非有足夠的時間允許這個人覺察到他正在關注的事實，而且這樣的關注足以幫助他去理解，否則抽象心理印象的接收，僅僅只會留在機械化的過程裡而已。少了這段過程，印象也不過是留在記錄的層次，結果最多只是成為心理過程機械性的重複，而不能成為人格

整體的一部分。

平躺時舉起腳掌（圖8）

平躺，像之前一樣將雙腳掌往上帶，膝蓋張開。把你的右腳掌往上舉，雙手臂放在雙膝之間，像之前那樣握住：右手所有的手指和大拇指在一起不分開，放在右腳跟下面；左手握住右邊大腳趾之外的其他四根小腳趾。以平順的動作，用雙手把右腳掌朝天花板的方向抬離開身體。現在，讓腳掌動作的路徑往頭的方向畫弧形，同時把頭抬起來，好像要和腳掌打招呼。把腳掌往下放到舒服的位置，但是不要完全放下來。重複25次，不要勉強去做動作。

在空中選擇一條能讓右腳動作輕柔的路徑。不要決心刻意去把它做得更好，反而可以成功。觀察腳掌路徑的變化，以及胸腔和手臂各種緊繃的程度。停下來，然後平躺休息。

再次把雙膝往上帶，同樣用雙手握住你的右腳掌，讓左腳掌輕鬆地在地板上休息。用雙手將右腳掌帶離開身體，然後把骨盆向右轉，直到右大腿碰觸到地板，頭和身體也會轉向右邊。當你吐氣時，彎曲身體，把頭向前帶，頭會朝往右膝的方向，靠近地面畫一個大弧形，試著把身體帶到坐姿。

再試一次。讓你的左腳來幫忙這個動作——左腳抬起來離地，先伸長，然後縮回來稍微向左一點，當你試著坐起來時，膝蓋會彎起來。不需要在第一次或第二次嘗試時就成

功，這並不重要。無論有沒有成功都沒有關係，再次平躺下來，試著輕輕轉向右側，不需特別費力。

頭靠近地面畫弧形的動作

繼續做頭靠近地面的動作，以一種雙手輕柔地拉著你右腳掌的方式，來幫助頭在靠近地面的地方畫弧形，並且將頭朝向地上一個想像的點，這個點是在膝蓋前面稍微偏右的地方。跟之前一樣運用左腿來幫助你。記得要讓胸腔一直是在放鬆的狀態，試著用更少的力，更不去努力；同時觀察身體哪些部位肌肉所施的力並沒有轉變成動作。

重複做幾次。每一次去觀察在這個動作中，哪些身體部分在身體意象裡是有所遺漏、消失不見的，試著補足這些意象讓它更完整。

嘗試做 25 次，但是不要期待每一次動作都會有結果。休息大約兩分鐘。

身體左右來回擺動的動作

坐著，將你彎曲的雙膝分開來。把雙手臂伸長，放在兩腿之間，用跟之前一樣的方式握住右腳掌。把腳掌向前向上舉超過頭，看看是否有任何一點點的進步。

在不放開右腳掌的同時，把你的左腿放在身後的左邊，左腳掌的內側和膝蓋的內側觸碰到地板，同時把你的右腳掌放在前面的地板上。你的頭和身體一起向前往下沉。讓

頭和身體越來越接近眼前的地板，朝向右膝或小腿前面，任何你覺得最舒服的方向。在你覺得舒服的範圍裡，身體從右到左以最小的動作輕輕地來回搖動。

從坐姿滾到平躺的姿勢，然後再回來，在右側進行（圖9、10）

在幾次小幅度的動作後，慢慢加大搖擺的動作，直到頭越來越低，你成功地滾到右邊的地上平躺下來。當然，你的左腳掌也會離開地面。如果你的動作是相當舒服且平順的話，你會經過平躺的姿勢，然後發現自己幾乎是用左側的身體躺在地上的。

用你的左腳掌把自己推離地面，開始回到右邊的動作。彎折你的身體，由頭來帶領滾動身體的動作，頭持續接近地面，直到頭靠近右膝的地方。如果你記得將身後的左腿彎曲起來朝向身體左側的話，你就一定能再次回到坐著的姿勢。

當你回到坐姿時，注意不要挺起來，盡可能地讓頭和身體靠近地面。在這個姿勢下，把身體往左邊擺動一點，借助身體和頭的動作，讓自己有一個動作的開始[2]，然後再次向右滾動，直到平躺。重複滾動的動作25次，然後休息。

2　譯註：給自己一點點開始的動力。

重複，但只在想像裡進行

如果你無法成功地由躺著滾到坐姿，再滾回來躺著的話，試著在平躺和坐著這兩個姿勢下，分別在你的想像裡進行這個動作；在這兩個姿勢下各做 5 次，盡可能讓身體有更多的部位來參與（整個過程）。觀察這些想像的動作，確定它們是連續不斷的。確定你的呼吸保持安靜平穩的韻律，然後再次嘗試實際去做動作。

坐著的時候把腳掌舉起來，在實際也在想像裡進行動作（圖 11）

像這堂課開始時那樣坐著，用跟之前一樣的方式握住右腳掌，並且試著用雙手把腳掌高舉過頭，把它放在頭頂上。對於一個組織良好的身體來說，把腳弓內緣放在頭頂上，是不必費力的。如果你做這個動作有困難，坐著閉上眼睛，在想像裡去看這個動作的所有細節，將之視覺化，把這整個過程視為一個連續不斷的動作。注意一下，如果你無法做一個動作卻要去想像這個動作時，是什麼感覺，同時這整個狀態有多困難。

視覺化可以替代感覺和控制

當然，用語言文字來思考這個動作是不會有任何困難的。語言最大的缺點之一就是，語言讓我們疏離了真正的自我，而疏離

的程度，往往會讓我們誤以為自己已經想像或思考過了某件事，但事實上，我們只是召喚出一些適當的字詞。

要幫自己驗證這點並不困難，當我們真正在想像一個行動時，我們會遇到和實際執行行動時同樣的障礙。要執行某一特定行動會有困難，是因為神經系統對肌肉所下的指令並不適合這個行動。身體無法彎折得夠近，因為意識所下達彎折的指令無法執行，因為拮抗肌——在這個例子裡，是指那些幫助伸直背部的肌肉——繼續工作得太努力所造成的，而之所以會如此，又是因為姿勢不良所導致的習慣。有意識地去覺察這些阻礙動作的活動，就足以讓新的靈活性突然出現，就彷彿嬰兒的靈活性，因此彎折的動作就會變得連續、舒服和奇蹟似的。

當發生這樣的時刻，這個人會覺得彷彿在黑暗的房間中打開了一扇窗，對自己的能力和生命充滿了嶄新的感受。他發現自己掌握了自己，同時也理解到，無法控制動作的責任，其實大部分是在於自己。

讓你的身體意象越來越完整

閉上眼睛，從頭到尾回想過一遍這堂課裡的所有姿勢。觀察每個「動作」裡，你的四肢有什麼感受；然後在每個姿勢裡重複 2 或 3 次，每個動作和動作之間，要有充分的休息。然後，試著再次舉起腳掌，觀察現在身體是否能順從你的願望，比較輕鬆地把腳高舉過頭，同時現在你是否能夠把腳掌放在頭頂上。

改善是永無止境的

也許由於動作上所遭遇的困難是如此之大，以至於在沒有老師的協助下，光是這樣的一堂課，並無法達到上述的改變。在包含各個年齡層（通常超過六十歲）、男女皆有的四十到五十人的團體中，經過個別指導後，約百分之九十的人都至少能讓右腳姆趾碰到額頭；而且其中大多數的人進行到目前為止，已經有可能把腳掌放在頭頂上了。所有人都呈現出顯著的進步，這才是真正重要的。如果一個人每次做某事每次都有所進步，那他的成果就是永無止盡的。

在想像中重複所有往左邊的動作

站起來走一走，觀察之前練習時所觀察的那一側跟另一側之間，感覺有什麼差異。研究臉部、眼睛、動作，以及由一邊到另一邊的轉動。

平躺下來，就只是單純地把雙膝往上帶。閉上雙眼，觀察身體左右兩側跟地板之間的接觸，有什麼差異。想像這堂課裡所有階段的動作，把右邊的動作轉換成左邊，但想像動作發生時感官的感覺，而不是以言語來想像。重複每一個想像的動作3次，每個動作和動作之間要有充分的休息。

經由視覺化想像所獲得的改善，比實際動作所獲得的更多

現在坐起來，做與之前右邊對稱的姿勢，也就是以雙

手握住你的左腳掌。把左腳掌高舉過頭，然後試著放在頭頂上。你應該會發現，只透過想像練習的這一邊，更能順從你的指令，也做得比你真正實際去做的那一邊更好。

在嘗試新動作時，容易出現許多錯誤或不好的動作，這是常見的情形，所以實際去做的第一邊，會出現許多錯誤或不好的動作。因此，第二邊的成效通常會比較大，也比較優越。

相較於「機械性的重複」，「自我觀察」比較好

好好思索與研究這個結論的重要性。你花了一整個小時進行身體一側的動作，卻只花了幾分鐘在第二側——而且只是在想像裡進行，但是第二側的改善卻比較大。然而所有健身的方法，都是基於動作的重複。不只是健身，我們學習的每一件事，大部分都是奠基於重複的原則，並且致力於記憶。這也許讓我們比較容易了解，為什麼每天練習彈奏樂器，有些人總是毫無進步，而有些人卻每天都在進步。對於這種成就的差異，一般接受的解釋是天賦的差異，然而，或許天賦的本質是衍生自下述的事實：第二位學生在彈奏的同時，會觀察自己正在做什麼；而第一位學生只是不斷重複與記憶，因為他所仰仗的假設是：不良的演奏只要重複得夠多次，最後就會不知怎麼的，帶來音樂上的完美。

我們之前提過內在與外在的概念，其中包含把來自體內感覺

有意識的觀察，轉換為身體外在空間的改變。想想看畫家是怎麼做的：他研究一處風景，然後嘗試在畫布上畫下來。當手揮動畫筆時，他能不注意到手的感覺而去作畫嗎？他能不注意自己的眼睛看到什麼而去作畫嗎？

　　我們在閱讀時都遇過這樣的經驗，我們必須回去重讀某個段落，因為我們第一次讀的時候沒有好好注意。即使在第一次時，我們可能就讀過每個字了，甚至無聲地讀出了每個字，但其實我們並不了解，或是留下任何記憶。而我們在第二次閱讀時，我們真正注意到的是什麼呢？真的有那麼大的差異，以至於我們應該在閱讀時，觀察自己心智的運作嗎？

第九課：

運用空間關係來作為
協調動作的方法

Spatial Relationships as a Means to Coordinated Action

　　現在你將要學習的是，有意識地去注意四肢移動時彼此之間
的空間關係，可以讓動作變得協調和流暢；同時仔細專注、有系
統地、一個一個地去掃描身體的各個部位，可以鬆弛緩和那個被
掃描到的部位其不必要的肌肉緊繃。機械性的動作不會教導我們
任何事情，也不會改善能力。以不同的方式來執行一般普遍的
動作，往往就會顯露出不良的協調能力，而不是優越的個人能
力。事實上，隨著動作的改善，這個不同的執行方式，就會越
來越接近大多數人一般的動作方式。

你臉對面的時鐘

　　坐在地板上，雙腿交叉或不交叉都可以，以舒服的姿勢將雙膝分開。雙手放在背後讓你可以倚靠它們。想像你的臉對面有個有時鐘的刻度盤，上面有指針，然後想像用你的鼻子轉圈，好像你想要推動指針、讓指針順時鐘繞一圈。你鼻子所畫的圓圈必須是很小的，因為如果是大圓圈的話，你的鼻子就會在最右和最左的時候失去與指針的接觸。非常緩慢地，繼續這個單純的動作，做很多次，確定做動作時沒有干擾到你的呼吸。

耳垂的路徑

　　想像你的左耳垂跟左肩的邊緣之間，有一條細的橡皮筋連接著。判斷一下，在上述動作中做到哪個部分時，橡皮筋會拉長？什麼時候會縮短？長的時候多長？短的時候多短？鼻子做的是圓形的動作，而且動作進行的速度是平均的。耳垂的動作也是圓形的嗎？試著猜猜看，當你的鼻子在 12 點鐘、3 點鐘、6 點鐘、9 點鐘，又回到 12 點鐘時，你的耳垂會在哪裡？重複很多次，一次又一次，不斷地越來越安靜。試著只憑感覺來追蹤耳垂的軌跡：只要單純地去注意，直到你可以清楚地感覺到，相對於肩膀邊緣，你耳垂的位置在哪裡。

我們可能在採取行動時，並不知道自己在做什麼

　　上述的練習並不容易，因為你是不會立刻就成功的，而且也沒有任何理由要你立即就做到。若你是立即就得到答案的話，答案很可能是建立在你所學過的幾何公式上，這不但純粹是智識上的，而且也不會讓你增加任何覺察。當你完全清楚頭的某個部位正在做某事的同時，另一個部位可能在你不清楚的狀態下，仍然繼續進行著，這不令人驚訝嗎？顯然地，我們可能在做某事時，並不知道我們正做這件事。這是一個事實：當我們在想著動作某個特定的面向時，我們並沒有感覺到頭部所有的動作。

把焦點從耳垂轉移到鼻子，然後再回到耳垂

　　繼續鼻子的動作，在不打斷的情況下，將注意的焦點轉移到耳垂。以某一種讓鼻子能繼續做它規律動作的方式，用耳垂畫幾個想像的圓。耳朵是朝哪個方向移動的？觀察連結耳垂到肩膀的橡皮筋，現在發生了什麼事？現在的動作跟之前是不一樣的。你的鼻子改變了它的路徑嗎？鼻子還是在畫圓嗎？把你的注意力轉回到鼻子上，讓它繼續畫圓。再次檢視你耳垂的路徑。我們可能原先的假設是，因為鼻子和耳朵都是頭的一部分，所以如果一個部位畫圓的話，那麼另外一個部位（以及頭部的其他部位）也會跟著畫圓。不過看起來，事情似乎沒有這麼簡單。

用你的左眼來看

　　逆轉你鼻子畫圓的方向，因此鼻子就會以逆時針的方向來推動指針。閉上雙眼，把注意力放在左眼上。用這隻眼睛時，你真正看到的是哪裡？當你繼續以鼻子進行畫圓動作的同時，試著用你閉上的左眼朝兩眼之間的鼻樑看，然後往外看向左眼左邊的眼角。大部分的人在嘗試幾次之後，無法成功地找到明確的答案時就會放棄，但也許只有當我們熟悉了這個動作之後，我們才會找到答案。

　　試著讓你的左眼進行畫圓圈的動作，同時去找找看這個動作對你鼻子畫圓的動作有什麼影響？休息。

用想像的畫筆幫頭的左半邊塗上顏色

　　舒服地坐在地上，雙腿交叉。鼻子以順時針方向畫圓的同時，想像用一根約兩指寬的畫筆，為頭的左半部上色。想像你左手握著筆，同時也想像有一條中線把頭分為左右兩邊，然後先把筆從肩部的大椎骨[1]移到頸背的左側，沿著脖子和頭後面，在這條中線的左側，畫出一條兩指寬的色帶。繼續從頭頂畫到臉，額頭、左眼、臉頰、上嘴唇、下嘴唇、下巴、頸部左邊下顎下面的區域，最後到鎖骨；再沿原路回去，抵達脖子的後面。

1　譯註：第七頸椎。

繼續用相連的色帶畫滿頭和臉的左側，一直到左邊
肩膀。

當你為頭的左半邊塗上顏色時，把鼻子往右邊移

休息一下，然後逆轉鼻子動作的方向。再次為頭的左
半邊塗上顏色，但是跟之前運筆的方向成直角——也就是
說，畫筆橫向從右到左、然後回到右，來來回回，於是頭
和臉的整個左半部會被第二次覆蓋。看看塗上顏色的動作是
否會干擾鼻子的動作，如果會的話，是在哪些點上？是畫筆
改變方向的時候嗎？畫筆所經路徑每一點的感覺，都是平均
一樣的嗎？或是當畫筆經過時，有些地方仍然感覺不清楚？
在哪些地方時，呼吸會受到干擾？動作進行時，哪些地方的
肌肉會緊繃而且動作會斷斷續續？在眼睛裡？脖子？肩膀？
還是橫膈膜？休息一下。

讓注意力在各個部位之間轉換

繼續逆時鐘方向的鼻子動作。在動作進行的過程中，
決定說：「好，我想用下巴畫圓圈。」幾分鐘之後，再決
定說：「好，真正要動的是左顎的角落，在耳朵下面的那個
地方。」然後把你的注意力轉移到左邊的太陽穴；然後到耳
朵和頸椎之間的中點上，這個點在頭的底部。

每做 5 次或 10 次頭部動作後，想像你把動作的中心轉
移到頭的另一個部位，一個接著一個，但每一次都要先回到

鼻子。繼續進行，直到只需要一想，立刻就能轉換動作的中心，這些中心點包含頭和左臉的所有部位，同時每個部位都是同樣的清楚。休息。

跪姿：左膝跪在地上，右腳掌站在地上

左膝跪下來，右腳掌站在地上。右手臂往前伸出去，左手臂向後伸，兩隻手臂都跟肩膀一樣高。閉上雙眼，想像有條細的橡皮筋連接你的左耳和左手（往後伸出去的左手），第二條橡皮筋連接了左耳和你的右手（往前伸出去的右手）。用你的鼻子朝一個方向做 25 次畫圓的動作，然後再以反方向做 25 次。試著讓注意力跟著這兩條橡皮筋，在空間中縮短與延長。

左腳掌站在地上

短暫休息之後，回到跪姿，現在讓左腳站在地上（同時右膝跪在地上）。左手往前伸，右手向後伸，兩隻手臂都與肩膀同高。重複鼻子的動作，同時繼續觀察兩條橡皮筋的動作。

站起來走一走。你可以感覺到讓頭維持在右邊和維持在左邊時，這兩者之間的差別嗎？兩邊的空間感是否不同？左右兩邊的腳趾頭有不一樣的感覺嗎？

為動而動的健身操不能教你什麼

就空間的觀點以及相對於肌肉而言，我們做過的所有動作（為動而動的健身操）都是對稱的，但是什麼造成了左邊和右邊的不同呢？我們左邊已經做了一模一樣的動作，完全一樣的次數，但這邊幾乎沒有任何改變。也許我們很難記得之前右邊的感覺是什麼了，也或許我們的記憶並不可靠，然而毫無疑問的，左邊和右邊的感覺是不一樣的。難道這不意味著，若只是動作本身的話，其價值性很低嗎？

大部分的改變都發生在我們持續有意識地去注意的那一邊。我們是否必須認定，除了可以促進循環和肌肉的使用之外，機械性重複的動作並沒有什麼價值？這是否也是為什麼，有人做了一輩子的體操，但跟沒有做體操的人比較起來，他們在其他建設性的活動上並沒有比較成功呢？從另一方面來說，有些人就像他們在成長階段一樣，持續觀察身體的感覺，因此終其一生，他們都在持續學習、改變和發展。

個人化動作漸趨普遍相近

就執行單純的頭部動作來說，不同的人會呈現不同的差異。我們可以在實際上看到，可能有一個人在轉頭時注意的是他的耳朵，而且認為那是必要的動作；另一個人可能注意的是耳朵和肩

膀之間的關係；而第三個人注意的是脖子皮膚的皺折。組合的可能性太多了，因此任何動作看起來，都完全像是個人特定的動作。

我們可以看到，一大群學生在第一次嘗試鼻子畫圓的動作時，有形形色色、各種不同的頭部動作，有些動作看起來實在是太不尋常，簡直不可思議。但到了這堂課要結束時，我們可以觀察到大部分的學生都能做出比較接近口語引導所意指的動作（不再是十個人十個動作，而是原本有差異的動作變得更相近、更一致）。無論是從主觀感覺或客觀事實的觀點而言，鼻子眞的都能精準地畫圓。在動作進行的過程中，當自我意象能清楚地呈現在個人的覺察裡，同時，當審視掃描過的、無論是客觀和主觀的印象或圖像，如同眼睛看東西那樣地容易時，行動或動作就會變得容易、精確和愉悅，也會比較接近任何有發展覺察的人所做出來的動作。個人的獨特性應該不是古怪，而是能表達其正面的價值。

第十課：
雙眼的動作組織身體的動作

The Movement of the Eyes Organizes the Movement of the Body

　　現在你將會學習雙眼的動作如何去協調身體的動作，以及它們如何連結到頸部肌肉的動作。測試眼睛的各種連結，和測試頸部肌肉的各種連結，也就是說分別獨立去測試這兩種連結，可以增強對身體動作的控制，同時讓動作變得更爲容易。與頭部動作方向相反的眼睛動作——以及與身體動作方向相反的頭部動作——在動作上增加了一個很多人沒有意識到的面向。這些練習會拓寬活動力的光譜，協助淘汰不完善的動作習慣。同時你也將能區分控制眼球的肌肉，以及比較專門控制視力的肌肉。

站著時，向右和向左的動作

　　兩腳微張站好，雙手自然下垂在身體兩側，左右旋轉你的身體。當你轉到右邊時，你的右手會向右擺到身後，而左手向右擺動到身體前面，好像想要越過右手手肘。當你轉到左邊時，你的左手會向左擺動到身後，而右手向左擺動到身體前面越過左手肘。

　　繼續身體旋轉輕擺手臂的動作，同時閉上雙眼。確定頭的動作是平順的。每一次改變方向時，看看哪個部位最先開始回轉：眼睛、頭、還是骨盆？重複多做幾次這樣身體旋轉輕輕擺動手臂的動作，從右到左然後再回到右，直到你清楚地找到答案，而且你能在動作進行當中，觀察到身體所有的部分，同時不會為了觀察，而在旋轉開始或結束時有所停頓。

　　張開雙眼，像之前一樣繼續旋轉。注意，你的眼睛是否像閉著的時候一樣，繼續朝著鼻子看？或是它們在做別的事──如果是，那麼它們在做什麼呢？眼睛提前預示了頭部的動作嗎？它們會跳過部分水平的視野嗎？

眼睛的協調和動作的流暢（圖 12）

　　再次閉上雙眼，試著感覺什麼時候旋轉的動作會是比較平順和流暢的，是眼睛張開還是閉上的時候？試著在張開雙眼時，讓動作跟閉上眼睛時的平順程度一樣。我們可能會預期當眼睛張開時，從各方面來說動作都是比較好的，但是

在練習中顯示，張開眼睛往往會干擾動作的流暢度和它的範圍，因為很多人他們的眼睛動作跟肌肉動作並沒有適當的協調。仔細注意雙腿和骨盆動作的感覺，以及旋轉擺動動作中所有的小瑕疵，如此才能覺察到，在控制身體所有動作時所產生的改變。

坐著時，將身體往右轉（圖13）

坐在地上。左腿往左向後彎曲；左腿的內側會在地上，而左腳掌在它的旁邊。右手手掌倚靠在地上，把右腳掌靠近身體，這樣的話，右小腿就會橫放與身體正面平行、腳掌心碰觸左膝附近的大腿。左手向前伸，放在眼睛前面，然後在左手的帶領下把身體往右轉；你的雙眼跟隨著左手大拇指往右的動作。

回到中間，然後再向右轉一次，在舒服的範圍內。左手肘彎曲，這樣手掌向右邊轉的幅度就可以變得更大。當頭和兩邊肩膀往右轉時，確定眼睛保持靜止，也就是把視線固定在左手手掌上。繼續慢慢移動，不要為了試圖更往右而超過舒服的範圍。頭向右轉時會自然地帶動眼睛，確定你眼睛往右的動作沒有超過這個自然被帶動的動作。試著不要縮短脊椎，意思是說，不要讓胸腔和肋骨變得僵硬，在不刻意用力坐直的狀態下，允許頭有一點往上升高。特別注意當左手移動的時候，讓眼睛跟隨著左手掌。對很多人來說，即使手已經停止移動了，但還是不自覺地繼續往右看得更遠，

有時候甚至在跟他們指出這個現象之後，仍是如此。

躺下來休息，審視你背部跟地板的接觸。

坐著時，將身體往左轉

坐著，同時雙腳掌朝向右邊；這個姿勢跟之前一樣，但左右相反、與之前的姿勢相對稱。把右手舉到你的眼前，把整個身體往左轉，雙眼跟著你的大拇指。當右手往左邊移動時，彎曲右手肘，這樣手可以向左伸得更遠。

回到開始的姿勢，然後做 25 次向左轉的動作，讓一次比一次更輕鬆容易。注意動作的本身和動作的品質，而不是追求移動得更遠更向左邊。注意骨盆、脊椎和頸背；注意肋骨有沒有任何過度的僵硬；也注意任何可能干擾動作輕鬆進行的因素。

平躺下來休息。

眼睛的動作增加轉動的角度

坐著，左腿朝左向後彎曲，沿著地板把右腿帶靠近身體。把身體向右轉，倚靠在地上的右手。這樣的話，手就會放在比之前更往右的地方，因為身體已經向右轉了。把左手臂向前舉，放在眼前，隨著身體的動作，將手往右邊帶。彎曲左手肘，在舒適的範圍內，把手帶到能力所及右邊最遠的地方，然後停留在那裡。

在這個身體扭轉的姿勢中，把雙眼視線移到左手的右

邊，再移回來，然後停留在左手上。用這種方式移動你的
雙眼——移到手的右手邊，再移回來——大概 20 次。運用
頭部的動作來引導你視線的方向。確定眼睛的動作保持水
平，因為轉到最右方時，眼睛的路徑容易往下掉。

不要縮短你的身體

　　為了要幫助動作順利進行，小心避免縮短脖子。脊椎
要輕輕地動作，好像有人幫助從上方輕輕拉著你頭頂上的頭
髮，讓你的頭輕鬆地往上。你也可以藉由將左邊坐骨（臀部
的骨頭）抬離地面的方式，來讓動作輕鬆進行。

　　休息。

　　由你的左手引導，再次往右轉。注意扭轉動作的弧度
是否增加了，然而動作卻更加舒服。

眼睛不只是用來看

　　注意眼睛在協調身體肌肉組織方面所扮演的重要角色，甚
至比頸部肌肉還要重要。大部分的身體部位都擁有兩種功能：嘴
巴提供吃和說話的功能；鼻子用來聞和呼吸。內耳除了聽的功能
之外，無論在緩慢或快速的動作中，它都是平衡身體的重要器
官。同樣的，眼睛和頸部的肌肉對於頸部肌肉的收縮，具有決
定性的影響。回想一下，我們在眼睛看不見樓梯盡頭地面的狀態

下，上下樓梯，是什麼狀態。從這樣的例子中就足以理解，眼睛在引導身體肌肉方面，扮演了多麼重要的角色。

雙眼獨立分開，然後一起

坐下來，右腿向右彎曲，把左腿帶靠近你的身體。身體往左轉，倚靠在左手上，在舒服的範圍內，左手盡可能放在左邊最遠處。右手舉到眼睛的高度，以水平面向左移動。看著你的右手，並且把你的頭和眼睛轉向牆壁上的任何一點，比手左邊更遠的地方。然後再看著你的手，再看牆，再看手，重複動作大約20次：10次是閉上左眼，只用右眼執行從手到牆的動作；另外10次只用左眼；然後雙眼張開，再次試著進行整個動作，看看向左扭轉動作的弧度是否增加了。改善的程度往往會讓人很驚訝。

把左腿向後彎，右腿往內帶靠近身體，嘗試以同樣方式改善往右的動作。記得練習時，兩邊眼睛要分別輪流張開和閉上。

雙眼的協調是通往身體改善的道路

休息。觀察身體哪些部位比較接近地板，這樣的現象是因為你覺察了眼睛的動作。如果未來的某個時刻身體再次變僵硬，有可能你會注意到，眼睛動作的柔軟性也會相對應地一起減少。以掌握協調眼睛動作的技巧，來改善整個身體的柔軟度，這是有可能的。

往右轉，向左看

坐著，左腿向後彎曲，把右腿帶靠近身體。在舒服的範圍之內，身體、頭和兩邊肩膀盡可能往右轉，倚靠在身後的右手上。舉起你的左手跟眼睛同高，手肘彎曲，把手往右轉。看著手，然後看手的左邊，也就是看著牆上某一個特定的點，然後視線再回到手上，做 25 次。每一次你將會朝左邊看得更遠一點。

閉上一隻眼睛，然後進行大約 10 次這樣的動作。換閉上另外一隻眼睛，然後做同樣的動作。當你閉上一隻眼睛的時候，確定頭是靜止的。張開雙眼，然後再做 5 次動作。記得想像頭頂輕柔向上的拉力。在這之後，嘗試一個簡單向右轉的動作，看看動作路徑的弧度是否變大了，而且做起來比較舒服。

往左轉，向右看

坐著，右腿向後彎曲，把左腿帶靠近身體，然後把身體、頭和兩邊肩膀往左轉，身體倚靠在左手上。舉起你的右手跟眼睛同高，向左移動。看著手的右側，重複很多次。先閉上一眼，再換成閉上另一眼，接著睜開雙眼，各做 5 次動作。跟之前一樣觀察扭轉動作的品質。

平躺下來，休息。

整個肩膀往右轉的動作（圖 14）

坐著，左腿向後彎曲，把右腿帶靠近你的身體。整個身體向右轉。先倚靠著你的右手，然後也同樣靠著你的左手，兩手都在地上，彼此分開有一點距離。把頭抬起來，然後把整個肩膀往右轉，這樣的動作會讓你的右肩朝右後方移動，而你的左肩會朝右前方移動。確定兩邊肩膀都各自清楚明確地往自己的方向移動，一邊往後，另一邊往前，直到壓力平均分佈在雙手上。

隨著肩膀往右轉動，頭和雙眼也會出於習慣往右轉。當肩膀往右轉時，試著把頭向左轉；當肩膀往左轉動時，頭則向右轉。

觀察你的胸腔和你的呼吸，同時繼續頭和肩膀彼此相互反方向的動作，直到你覺得這個動作是舒適愉悅的。

從反向的動作到同向的動作，再回到反向的動作之間的轉換

繼續頭部和肩膀反方向的動作，但在做動作的時候不要停頓，轉換成同向的動作，也就是頭跟肩膀一起往右，然後一起往左。接下來同樣地，在做動作的時候不要停頓，回復成為反方向的動作。

停下來，試著去發現看看，扭轉的動作和扭轉的感覺有沒有任何改善。

平躺下來，檢視你背部跟地板的接觸有沒有改變。

肩膀向左轉

坐著，雙腳掌朝右，進行跟剛剛相反方向的動作，再次重複整套練習：跟之前一樣，將頭和肩膀輪流以同向和反向動作。時時記得，試著避免「想去努力成功」。

更多的努力不會有更好的動作

如果你試圖每一刻都達到自己能力的極限，最後就只不過是疼痛的肌肉和緊繃的關節而已。當你費力勉強來尋求成果，你就不可能達到即使只是一部分的改善，而這樣的改善，原本可以透過「打破動作和行為的慣性模式」來達成的──這也正是這些練習的目標。若身體各部分動作的分化，以及彼此之間各種關係的分化，都獲得改善，就會引發肌肉張力的降低（非自主的中樞所導致的肌肉收縮程度），並且會增加真正的意識控制。

你應該不時擺脫自己的例行慣例，問問自己，你是否真的在做你認為自己在做的事。許多人落入一種錯覺而想的是：因為感覺到自己有出力，而且希望自己的肩膀能移動，所以他們的肩膀就真的會做它們應該做的──相對於地板和他們的身體，肩膀會移動。

要確定所有的肌肉力氣都會轉化為動作，因為完全轉換成動作的力氣，會改善我們的能力和身體。沒有轉成動作的力氣，反而造成緊縮和僵硬，不僅會導致能量的耗損，而耗損的能量更

會造成身體結構的傷害。

身體向右扭轉的同時，頭從一邊到另一邊側彎或傾斜；然後整個姿勢換邊，讓身體向左扭轉的同時，進行相同的動作

坐著，左腿向後彎曲，同時把右腿帶靠近身體。把整個身體往右轉，倚靠在右手臂上。增加一點身體向右扭轉的幅度，然後把右手向右移遠一點，在這樣的姿勢下，扭轉就只會帶來一點點的緊繃。把左手放在頭頂，用手來幫助你的頭往右彎和往左彎，也就是說右耳會靠近右肩，然後左耳接近左肩。注意，頭是側彎而不是轉動——鼻子應該一直指向原本正面的位置，即使當右耳正在接近右肩，或左耳正在接近左肩的時候。

接著右腿向後彎曲，把左腿帶靠近身體；身體往左轉，倚靠在左手上。右手放在頭頂上，重複頭來回向兩邊側彎的動作。如果你運用脊椎動作來幫忙的話，頭向右和向左的幅度就會增加，也就是說當頭往右側彎時脊椎會向左，反之亦然。

坐著，身體旋轉的動作

坐在地上，兩隻腳掌朝右。從右到左輕輕旋轉你的身體，慢慢增加幅度。讓雙手臂隨著身體的動作擺動，就跟這堂課開始時的站立旋轉一樣。自由地呼吸，如此可以讓旋轉的動作比較輕鬆。

做了幾次旋轉動作後，讓頭和眼睛以相反於身體和手臂

的動作來轉動，也就是說現在當身體向右轉時，頭和眼睛會往左轉；反之亦然。在不要停下動作的狀態下，再次讓頭跟隨著身體做同方向的動作，然後再換成反方向的動作。

繼續這個輪流換方向的身體動作，直到動作的改變是平順且容易的。每一種動作進行大約 25 次，然後休息。

把姿勢相反過來，也就是兩條腿都朝向左邊，重複這項練習。休息。

坐起來，然後觀察從這堂課開始後，扭轉動作的品質和幅度的改變。

站著，扭轉身體，腳跟輪流抬起

站起來，雙腳分開，大約與骨盆同寬，從右到左旋轉輕擺你的手臂和身體，頭隨著身體動作。當你擺動到右邊時，讓左腳跟抬離地面；當你擺動到左邊時，讓右腳跟抬起來。確定手臂的動作是自由的，繼續下去，直到進行了 20 到 30 次從右到左旋轉輕擺的動作。

當頭的動作變得平順、愉悅時，改變它們的方向。繼續轉頭，方向跟身體的動作相反，直到同樣變得平順和輕鬆容易。再次改變方向，讓頭和肩膀一起同方向旋轉。在不要打斷身體動作的狀態下，試著改變方向。

走一走，觀察你保持直立的方式發生了什麼改變，也觀察你的動作和呼吸有了什麼改變。

第十一課：

運用「有意識的部分」來幫助
我們覺察「沒有意識的部分」

Becoming Aware of Parts of Which We are not Conscious with
the Help of Those of Which We are Conscious

　　每個身體和每個人格中，都有一部分是個人已經充分覺察
並且熟悉的。舉例來說，相較於後腦勺或是腋下，通常幾乎每
個人對於他的嘴唇和指尖會比較有意識。在現在人類無知的狀態
下，一個完整的自我意象，而且指的是所有的身體部分──所有
的知覺、感受和想法都平均一致的那種自我意象，是一個很難達
到的理想。這堂課會建議藉由「比較身體各部位的感官知覺：讓
有意識的部位和沒有意識的部位做對比」，來作為讓自我意象趨
於完整的技巧。這樣的經驗會幫助你覺察那些在日常生活中不主
動和無意識去使用的身體部位。

一根想像的手指按著你的小腿

趴著，雙腿伸長，讓它們舒服地分開，對稱地放在脊椎的兩邊。兩手交疊放在頭前面的地板上，然後讓額頭放在上面的那隻手上。

想像有人用手指按著你右邊的腳跟，然後沿著小腿後側一路往上，從腳跟到膝蓋。按壓的力道必須讓人感覺到腿骨的硬度，想像的手指不往右偏也不往左偏。於是當腳跟繼續朝上時，腳板和腳趾會伸直。

一個球在臀部上滾動

現在試著想像有顆鐵球沿著你的腿滾動，從腳跟的中間滾到膝蓋，然後再滾回去。這顆球會延著最少阻力的路徑——由想像的手指所選擇的路徑——因此不會偏向右邊或偏向左邊。試著在你的腦海裡指認出沿路上所有的點，以確定球不會跳過其中任何一點。

想著手指的壓力，再想著鐵球的壓力，直到你找出所有不確定的點，這並不需要動作。繼續想像鐵球從膝蓋往大腿滾，一直滾到臀部的大肌肉——臀肌。

找到大腿骨；從膝蓋開始，把球滾向臀部。當球接近臀部時，你會比較不確定要跟著哪個方向滾動。試著找出來，如果你把腿舉起來的話，球會往哪裡滾動。繼續滾動球，回到膝蓋，再到腳跟，然後回到臀部，直到對你來說，路徑上所有的點都是很清晰的。

球在左手背上

把左手臂往前伸，手肘舒適地彎曲，想像同樣那個重重的鐵球停在你的手背上。

找出鐵球可以放著而不掉落的點。試著把鐵球往手肘滾動，想像手臂上那條明確且穩固的路線，並讓球沿著這條路徑滾到手肘，然後再回來。接著想像有人用手指沿著同一條路逐跑過去，持續這個動作，直到你完全清楚這條路線。

繼續以同樣的方式進行，從手肘到肩膀，清楚地確認球和手指的路徑。慢慢讓它們回到你的手背上，然後從手背到肩膀，再到肩胛骨。這裡也遇到同樣的困難，球的最終路徑並不清晰。

回到右腿

回到右腿。試著稍微抬高你的腳跟和小腿，當球沿著腿的後面向上滾動時，想著沿著整條路徑上的接觸點。讓球繼續慢慢滾動，從膝蓋到大腿，然後看看當球抵達臀部時，球會滾到什麼地方。

注意當球沿路滾動時，左肩肌肉的運作。

從右大腿到左肩膀，再回去

試著想像球繼續在它的路徑上滾動——從膝蓋沿著大腿，來到骨盆，再朝向左肩胛骨。為了要讓球能越過骨盆到達腰部，球會越過一個點，這個點在腰和骨盆臨界的地

方，而球也會從這個點開始，沿著脊椎到左邊的肩胛骨。
找出這個確切的點在哪裡。

把左肩胛骨往上抬一點點，讓球沿著同樣的路徑滾回來
——到脊椎、腰部、骨盆和右大腿。在回到膝蓋和腳後跟
的路徑上，找到通過它就會到達臀部的那一個點。清楚、
精確且連續不斷地追蹤這個路徑。

從左手背到右腳跟，然後再回來

讓球回到左手背。把手抬高一點點，這樣就可以讓球
往下滾到手腕；再舉高一點，球就會一直滾到手肘，然後可
以滾得更遠，直到滾到肩胛骨。為了讓球持續滾動，你必
須組織身體，讓這一路上球前方的那個點比球低，或是讓球
的停靠點比前方的點還要高。

從肩胛骨開始讓球滾動，沿著脊椎、臀部、大腿到腳
跟。

稍微把你的右腿抬高一點點，讓球滾到臀部，然後沿
著脊椎滾動。繼續移動你的身體，讓球可以滾到肩胛骨、
肩膀、手肘、前臂，直到手背上。為了要讓球這樣滾動，
手臂必須伸直，讓球一路滾動不會遇到急轉彎，這樣球就不
會掉下來。

繼續輪流抬起你的手臂和腿，確定你完全清楚球滾動的
路徑，球是以穩定的速度沿著這條路徑滾動，因此每個時刻
你都知道球在哪裡。

球在凹槽裡滾動

把你的左耳放在地板上，左手手肘微微伸直，然後把身體抬起來，這樣的話，球就可以像在凹槽裡一樣，從手滾到腳跟，再回來。

注意球行經的路線，確定你有清楚的概念，知道要把球滾到哪裡去。

把身體彎曲成弧形

舉起你的左手臂和右腿，以略成弧形的姿勢來平衡你的身體，但是不要繃緊身體。以快速、輕巧的動作在腰部形成的弧形中來回滾動球，如此，球就會一下子往手臂滾過去一點，一下子往腿滾過去一點。注意球在路徑上的每一點，然後試著判斷你做了什麼，會讓球朝不同方向滾動。

繼續讓球在腰部的弧形中滾動。輕輕抬起你的手臂和腿，左耳轉向地板。逐漸加大動作的幅度，在這樣的狀態下，每次球滾動的距離都會增加，直到每一次的擺盪，球都會從手開始一路滾到腳跟。

慢慢站起來，在房間裡走一走。注意你的左手臂和右腿，整體而言，沿著球滾過的路徑是否感覺到跟平常不一樣的地方。

從左腳跟滾到右手，再滾回來

再次趴在地上，兩腿張開，右手臂伸長超過頭，右耳

貼在地上。把球放在左腳跟上，然後把球滾到膝蓋，再滾
回腳跟。再一次從腳跟，沿著同樣的路線，一路經過脊椎
到右邊肩胛骨；然後從肩胛骨到手肘，沿著下手臂回到手背
——再回到腳跟。

　　注意一下，首先，相較於之前那對手臂和腿，現在想
著這對手臂和腿時，是否有所不同？想一想這個球和它的路
徑，就像你之前做的一樣，直到你能夠隨時準確地知道球的
位置，並且直到你對球的路徑有清晰、精準的概念。

以等速來移動這個球

　　當球的路徑確實清楚了，手臂和腿就會傾向於自己抬起
來，讓球回到腳跟以及手背上。以微小、緩慢，而且非常
輕巧的動作來抬高手臂和腿，否則球會偏離軌道。試著讓球
在整個進行的過程中是等速的。注意，你必須在不同的時
刻啟動你身體不同的部位，才能讓球繼續朝著它的目的地前
進。你必須引導球到你所想的地方，否則球會不知道要滾到
哪裡去。

球在後腰來回滾動

　　把球放在後腰拱型最大的地方。抬起你的手臂和腿一點
點，讓球輪流朝向手臂和腿，小幅度地來回滾動。逐漸增
加來回滾動的幅度，如此最後，球每一次的來回都會從手背
滾到腳跟。

　　站起來，走一走。觀察跟上次站起來的時候相比，你的感覺是否不一樣？你是否能夠界定在背部和在身體裡面發生的改變？哪些地方你感覺跟之前不一樣了？

從頸背到尾椎，再回來

　　趴在地上，把雙腿和雙手臂張開，雙手往上伸長超過頭，下巴（不是鼻子）放在地上。

　　球放在頸背的位置，也就是在兩肩膀和頭之間。稍微把頭抬起來一點點，以緩慢的頭部動作，試著逐漸把球往下移動到兩肩胛骨之間。你必須組織肩膀、胸腔和背部，讓球找到方便的地方可以滾進去，以緩慢的動作把球從這個點往下帶。為了要這麼做，你必須抬高胸骨，直到球可以沿著背，也就是前後對應於胸腔這部分的背，抵達骨盆。確定球沒有因為往右或左偏離而滑落。

　　把球朝著頭的方向滾回來。你必須把臀部抬高，同時組織腹部、背部和兩肩膀，如此球就可以滾到頸背上。頸背本身必須放低，這樣球就可以滾上來。整個過程中，膝蓋都是留在地上的。

　　把球往下滾到骨盆，然後再回到頸背上。每次進行必要的動作時，一次比一次更緩慢、更清楚。確定頭沒有偏向任何一邊。

雙腿抬起來

雙腿張開，而這一次兩條腿都輕輕抬離地面。把球從頭滾到骨盆，再滾回去，從頭到尾雙腿都不要放下來。

把雙腿放下來，繼續之前的動作。觀察這兩種動作的不同。

右腿和左手臂抬起來

讓球回到腰部拱形最大的地方。抬起右腿和左手臂，輕輕地把球滾動到手背上，然後經過脊椎到腳跟。

逐漸增加動作的振幅，最後是明顯的擺盪。

右手和左腿抬起來

抬起右手和左腿，然後繼續上述的動作。主要想著的是球的路線，這樣的話你就能夠確認球的位置，並且把球引導到你想要它去的地方。讓球回到骨盆的中間，把球滾到頸背，然後再滾回骨盆。

測試你的想像力

躺下來，手臂伸長放在身體兩旁，雙腿伸長分開來。想像這個球各種不同滾動的模式——不但可以讓你感覺到身體正面的意象，同時所感覺到的也會跟上述練習之後背部感覺到的同樣清晰。

第十二課：
想像和呼吸
Thinking and Breathing

　　有些方法或派別把改善呼吸視爲改善人格的關鍵。當我們猶豫、覺得有趣、受到驚嚇、害怕、懷疑、做出努力，或試著去做某事時，呼吸就會改變。我們的呼吸會受到很多各種不同的影響，從完全屏住呼吸，到似乎無法「吸到任何空氣」那樣淺而急促的呼吸。

　　完滿而規律的呼吸，是符合人的神經和身體結構的，我們可以透過這樣的呼吸來增強活力，然而大部分的人並沒有使用這樣的呼吸。在大多數的例子中，人們甚至不知道什麼是這樣的呼吸。

　　在這堂課裡，你將會嘗試一種呼吸的形式，這種呼吸可以很

容易地轉變成習慣，來增進你整體的能力。

吸收比較多的氧氣意味著有比較多的活力

　　每一個活細胞會吸收氧氣，再以二氧化碳的形式排出去。如果人類大腦細胞被切斷了新鮮氧氣的供應，即使只要十秒這樣短暫的時間，身體就會死亡，或是受到嚴重的傷害。

　　一個健康的肺能夠吸入超過一加侖的空氣，然而，即使有意識地去努力，也無法排出最後剩下的一品脫。在一般情形下，當一個人不匆忙，或不做任何特殊的體力活動時，他不會使用他所有的呼吸器官。每一次呼吸，他只會吸進和排出大約一品脫的空氣。其實在休息狀態下，像這樣的部分呼吸就已經足夠了。我們很容易理解，當呼吸增加一點點——或許每次呼吸增加四分之一加侖的空氣——就會改善所有的氧化過程和整體的新陳代謝。

　　加速呼吸的過程，並不能讓我們得到想要的改善，因為快速的呼吸，無法允許空氣在抵達肺部之前有足夠的時間能充分地增溫。改善呼吸最好的方法，是運用所有的呼吸器官；但如果只能用到部分的話，仍是超越最低限度也就是功能不良的呼吸過程。

肺的結構

人有兩個肺，左邊和右邊。由於左肺必須跟心臟和一大部分的胃來分享胸腔的空間，所以右肺比左肺大得多，比較長也比較寬。兩邊肺的大小是如此不同，以至於支氣管在右肺有三根分支，而在左肺只有兩根。

肺臟下面是一片肌肉組織，有點像一個拱形的鞘，這是橫膈膜，它由兩條強壯的肌肉連接到第三和第四節腰椎。（肺臟本身沒有肌肉。我們呼吸所運用的肌肉，是胸腔上半部的肌肉，而這些肌肉連接著頸背、肋骨的肌肉和橫膈膜的肌肉。）

相較於固體來說，肺臟比較類似一種有黏性的液體，只要碰到任何空的空間，就會往那裡擴張。它們被一層強韌的薄膜包覆著，這層薄膜與胸腔內壁相連，當吸氣和吐氣時，胸腔的動作就會改變肺臟的容積。

呼吸系統

我們的呼吸系統很複雜。當睡覺、跑步、唱歌或游泳的時候，我們都以不同的方式在呼吸。所有呼吸形式唯一的共通點是，當我們吸氣時空氣會進入肺裡，吐氣時空氣會被排出去，因為整個系統的建構，是讓吸氣時增加肺的容積，而吐氣時則減少容積。

胸腔正面、後面和側面的動作，或者是橫膈膜上下的動作，都可以讓肺的容積增加。一般來說，我們只使用了一部分的系統，而沒有發揮到它的極限。當必須加速呼吸時，例如快速且長時間的奔跑後，所有可能的呼吸形式都會同時被使用。

橫膈膜

當橫膈膜的肌肉收縮時，橫膈膜會被往腰椎方向下拉，彎曲弧度減少，同時肺葉也會被往下拉，肺的容積增大，便會吸入空氣。當肌肉放鬆時，之前被延展的組織會藉著伸縮性再把橫膈膜帶回去，於是空氣就會排出去。當然，肋骨和胸腔的肌肉也會參與這個動作。當我們吐氣時，橫膈膜的弧度會增加，變成拱形；當我們吸氣時，弧度會減小，橫膈膜被往下拉。

胸腔

當我們吸氣時，胸骨會向前、向上移動，肋骨也會出現出類似胸骨的雙重動作。促成呼吸動作的胸腔上半部肌肉，也會把頸椎向前拉。而與上面的肋骨（指的是鎖骨橫跨於其上的第一和第二肋骨）相比，下面的肋骨，也就是跟胸骨沒有相連的「浮肋」，其動作更能有效地擴張肺的容積。在上胸腔裡——這個部

位的肺臟狹窄且扁平，而這部分肋骨的動作受到限制——肌肉雖然運用了大量的力氣，但相對來說，肺臟只增加了比較小的容積。但另一方面，浮肋的動作就自由多了，因爲肌肉只需施加相對來說比較小的力氣，就能讓浮肋往外移動得比較遠，並因此而擴張肺臟本身最寬的部分。

胸腔與橫隔膜在一般呼吸和逆向呼吸裡的協調

　　當胸腔變寬擴張讓我們吸氣時，橫膈膜會下降變平，幫助增加肺的容積。當我們吐氣時，胸腔會收縮，橫膈膜也會向上恢復到原來的弧度。事實上還有另一種呼吸形式，我們稱之爲逆向呼吸。在這個形式裡，橫膈膜會以相反的方式來運作，有些人一直是以這種方式來呼吸的。大部分會吼叫或哞叫的動物，採取的就是這種逆向呼吸，也就是說，牠們在吐氣時會增加腹部的容積，並藉此發出很大的聲音。在遠東地區，學習去建立逆向呼吸是很常見的事，因爲人們認爲跟一般呼吸比起來，在使用逆向呼吸時，對於四肢有比較好的掌控，也較能有挺直的姿勢。

　　事實上，每當我們必須突然使出猛烈的力氣時，即使我們並未察覺，但其實我們所使用的就是逆向呼吸。因此學習有關於逆向呼吸的事是重要的。

肺：被動的器官

胸腔的擴張，使得包覆肺的薄膜把肺往外吸，進入肺的空氣讓肺變平、貼在胸壁上。當擴張胸腔的肌肉放鬆時，我們會開始把空氣排出去，這是一個藉助肺的重量和結締組織的彈性所運作的過程。當空氣排出時，肺臟從胸腔內壁退回來，同時縮小。當然，藉由有意識刻意地排出肺臟裡的空氣來主動減少肺的容積，是可能的。

呼吸與姿勢

在人整個生命的過程中，為了要隨時且於任何情況之下都能供給足夠的氧氣，空氣必須依序適當地穿過鼻子和嘴巴，進入氣管、支氣管和肺，然後再次被排出。雖然我們可以屏住呼吸幾分鐘，但如果體內的呼吸遭到破壞的話，我們存活的時間不會超過幾秒鐘。呼吸系統大部分的肌肉，都跟頸椎和腰椎相連，因此呼吸也會影響脊椎的穩定度和姿勢；反過來說，脊椎的位置也會影響呼吸的品質和速度。因此良好的呼吸也意味著良好的姿勢，就如同良好的姿勢也意味著良好的呼吸一樣。

右肩區域的呼吸

平躺在地上，雙膝彎曲，兩腳掌站在地上，眼睛閉起

來。試著回想我們剛剛描述的肺和橫膈膜的動作。緩慢地呼吸，每一次吸氣或吐氣時，以輕小簡短的方式，做很多胸腔和腹部的動作。[1]

在想像中觀察你的胸腔，在腦海裡看著，每次當空氣吸入時，胸腔是如何拉著你右肩膀鎖骨和肩胛骨之間的區域的？只在吸氣時觀察這個區域；在你的想像中跳過吐氣，因為那是呼吸循環的另一個階段。

差不多在胸骨和地板的中間，這裡有支氣管，三根往右（右邊有上、中、下三片肺葉），兩根往左（左邊有上、下兩片肺葉），這是身體的中間點，空氣從這點來到右肩區域。胸腔把肺同時往好幾個不同的方向吸過去：往鎖骨和肩胛骨之間的右肩（朝耳朵的方向）、往腋下、往在地上休息的肩胛骨，也往胸腔的正面。

因為要花一些時間才能以視覺化的方式想到所有的細節，你可能需要把呼吸分成好幾個小部分，吸好幾口氣，才能仔細想出整個順序。觀察在呼吸動作裡，肌肉「拉」的動作。

空氣進入右上支氣管

現在想像空氣的路徑：空氣進入你的鼻孔，到顎的後面，然後進入氣管。每一次你吸氣時，只要想著這個點，

1　譯註：這裡指的是本書第四課的蹺蹺板動作。

直到你已經知道和熟悉這些部分。

　　當你對這第一階段的路徑已經很清楚了之後，從這裡開始，跟著空氣進入右上支氣管。現在再回到鼻孔；等到熟悉了之後再繼續到頸，一路到氣管，到氣管周圍的空間，到達胸腔，進入肺的空氣讓肺（右邊上面的肺葉）變平貼在胸壁上，同時空氣本身會被擠壓往上、往下朝向地板、朝往肩膀和腋下擴張。

空氣進入右下支氣管

　　現在想像空氣的路徑是進入鼻孔，流過頸到氣管，再進入第三根，也就是右下支氣管，通過下支氣管，空氣抵達右肺葉的下面部分（右邊最下面的肺葉），這裡鄰接著肝臟。每一次呼吸時，只想著這條路徑。

　　當你觀察這條路徑時，隨時記住第三根下支氣管周圍有這樣的空間：在這裡，空氣環繞著也推擠著肝臟，朝向髖部，也就是向前、向下、朝著你的雙腿，也同時朝向兩側。

兩根右支氣管 [2]

　　現在每一次呼吸時，跟隨空氣的路徑通過鼻孔，經過

2　譯註：最上和最下的支氣管。

顎，到氣管，然後通過上、下支氣管。想像右邊肺葉的擴
張，它上面的部分(最上面的肺葉)往上時，下面的部份(最
下面的肺葉)也同時往下，因此身體整個右半邊會延伸，從
骨盆到腋下的距離也會變長。

　　每一次呼吸時，想著空氣如何充滿上面和底部的空
間，以及右肺葉是如何被橫膈膜拉長。當你這麼做的時
候，觀察腰椎有沒有任何感覺。當橫膈膜的兩條肌肉把肺往
下拉時，第三和第四節腰椎應該會抬起來離開地面。

中間的支氣管

　　現在想像右邊中間的支氣管。試著想著空氣一路從鼻
孔，經過顎，然後進入中間的支氣管。無論在任何情形之
下，右肺葉向上和向下的伸展，也必定會將中間的部位延展
開來。而現在，除了上下的擴張之外，肺葉也會向前向後
拓寬，也就是相對於地板來說，肺葉會變厚。想著肺的內
部，以及胸腔如何從四面八方把肺「吸」過去。

重複整個過程

　　試著重複整個呼吸前半段循環的練習，也就是右邊三片
肺葉擴散和拓寬、整個從開始到結束的過程。注意哪個部分
是你能清楚感覺到的，而哪些部位是你一點也感覺不到的。
重複練習，直到整個過程是連續不斷，而且完全熟悉的。

　　然後當你吐氣時，想著右肺(右邊上面肺葉)的回縮。

現在空氣從肩膀上端、從肩胛骨和胸腔回流，通過支氣管到氣管，經過頸，從鼻子出來。當你吐氣時，肺像是海綿一樣把空氣從裡面擠壓出來。

下面和中間的部分

　　想像右邊下面的肺葉和中間的肺葉進行著同樣的動作。觀察肺是如何從橫膈膜和肋骨、從地板的方向、從胸骨退縮回去，並把空氣推送出去。慢慢地呼吸，以平常的方式，這樣你就可以辨認空氣的進入、右邊的延長、空氣的排出，以及右邊的收縮。

　　站起來，觀察你現在所感覺到左邊和右邊的不同。

讓右肺滑動

　　雙腿交叉坐在地上，閉上雙眼，頭向前彎，雙手十指交扣，放在後腦勺，讓你的手肘輕鬆往下垂在兩膝之間。如果你發現這樣下彎很困難的話，你也會發覺在脊椎不靈活的點，那邊的肺不會動，而且也沒有呼吸。凡是難以執行的，也難以想像。

　　在這樣的坐姿下，再次想著空氣流動的路徑，通過鼻孔，經過頸，進入氣管。注意右肺向上延展往肩胛骨上面，向下往肝臟過去，同時經過中間的支氣管。看看在這樣的姿勢中，你是否可以想像自己感覺到肺在身體裡面滑動，滑超過了整個肺膜的長度。注意看看在你的想像裡，

肺的哪幾個點是無法自由滑動的？當你可以指認出這些點，
而且可以很容易地想像它們時，你的頭就可以往前彎得比較
遠，而且比較輕鬆。

　　站起來，走一走，觀察現在你可以感覺到的，左邊和
右邊的呼吸有什麼明顯的不同？

你會同意自己很難相信，光是想著空氣在氣管和支氣管流動
的動作，就真的能把空氣只導向右肺的各個點上。也許當你練習
想著這邊的肌肉幾分鐘後，它們會開始有不太一樣的運作，因此
你這邊的吸氣和吐氣，多少也會有些改變。無論如何，當你每
一次呼吸時，右邊胸腔和右邊橫膈膜的肌肉，跟左邊肌肉的運作
方式是相同的，因為要學會移動胸腔一邊的肌肉，而不讓另一邊
的肌肉也跟著動，是很困難的。你感覺到的差別，源自於肌肉
運作和組織上的改變，而改變之所以會發生，是因為你關注肌肉
運作的同時，也關注了你所觀察身體部位的空間定向。
　　事實上，這些改變的發生，是在你神經系統的上半部，而
不是肌肉本身，而且這些改變涵蓋了你整個右半邊的身體。因此
你可以觀察到兩邊臉相對應的差別，也會感覺到右手臂和右腿比
較長也比較輕。如果照鏡子的話，你會看見這樣的感覺並不是想
像的，因為右眼的確比較大，而且跟左臉比起來，右臉的皺紋
也會比較不明顯。

左邊的平行動作

坐在地板上，雙腿交叉。[3] 這次想著左肺的延伸。隨著每一次呼吸，頭慢慢抬高。觀察隨著頭部的動作，呼吸是如何沿著脊椎整個擴散開來的。觀察那幾個點，也就是脊椎僵硬、胸腔不動，不能充分把肺吸過來，不能讓肺滑動的那幾個點。繼續練習，直到你可以想像肺的滑動。看看你是否能認出來橫膈膜拉著腰椎的動作。

站起來，走一走。在你把這麼多的呼吸過程帶到意識層面之後，注意看看你可以感受到的差別有哪些？

在頭往右側傾斜的姿勢下，運用左肺呼吸

再次坐下來。右腿向後彎，把左腳掌帶靠近身體，左手撐在地上，身體的重量倚靠在左手上。把頭向右傾斜，讓你的右耳靠近右肩。保持這個姿勢，並讓你的左肺充滿空氣。在你的想像中，延展左邊的肺，朝著耳朵的方向往上延伸到肩膀，同時也向下延伸。如此一來，肺會滑動並充滿左邊胸腔的整個空間。

吐氣，同時想像肺在整個胸腔裡的回縮。注意你的頭，現在不再下沉到肩膀上了。無法讓頭繼續往下彎，是

3 　譯註：跟之前的姿勢一樣：閉上雙眼，頭向前彎，雙手十指交扣，放在後腦勺，讓你的手肘輕鬆往下垂在兩膝之間。

因為胸腔缺乏彈性，胸腔的肌肉仍然太過於緊縮。在胸腔不能完全有彈性的部位，呼吸就不完全。

用右肺呼吸

　　坐在地上，像之前那樣呼吸。想像右肺的延伸，當吐氣時，右肺從胸壁退縮回來，並想像收縮的感覺，彷彿右肺真的被拉過來。注意一下，當你觀察右側發生什麼事情時，觀察你在延展的階段，頭和整個身體會往左傾斜；而在吐氣時，頭和身體會回到中間的位置。

　　站起來，檢視你可以感覺到身體發生的任何變化。

後記

Postscript

對於動物在自然棲地的行為，當代研究已經累積了越來越多的證據來讓我們理解到，從意義上來說，社會結構的基本元素，並不是如同數學或是音樂那種「人為」的意義。與特定家園或領地的密切連結、對族群或群落的忠誠、敵視鄰近族群的成員、甚至族群內部固定的階層，都在在顯示領土戰爭以及權力和地位的鬥爭，乃源自於人類的動物祖先，而絕非人類所獨有的發明。侵略的衝動，一直是人們在試圖改善自己道路上的絆腳石。但有少數例外、真正追尋和平與誠摯同胞愛的人，能達到他們所追尋的境界；他們之所以能夠如此，是藉由精進他們的覺察能力，而非壓抑他們各種強烈的情感與熱情。

　　如果本能眞的是如同覺察力般，因遺傳而來到我們身上的話，那麼跟壓制我們身上的動物性比較起來，讓我們的覺察能力日臻完善，會是比較優先的選擇。覺察是人類發展的最高階段，當有了完善的覺察時，覺察會維繫一種和諧的「規則」來掌理人類的各種活動。一個人強大時，他的熱情、能力和活力都是同樣的強大，因此要壓抑這些原始的動力而不削弱當事人整體的潛能，是不可能的。「增進覺察」比「嘗試去克服本能驅力」更爲可取。因爲當一個人的覺察能力越接近完整時，他就越有能力去滿足他的熱情，而不會破壞覺察的主導權，於是每一項行動都會更接近人性。

　　在當今的世紀，年輕的世代已經從上一代的慣例中解放出來，無論是道德、性愛和美學的領域。只有在少數領域，例如科學和物品的創造發明，年輕世代可以繼續追隨著前輩的腳步，而不會傷害自己的感受。在這兩個領域內，他們遵循著既有的道路；但在生活中的其他所有面向，他們若非公開反叛，就僅僅是單純地覺得迷亂與困惑。

　　增進覺察可以幫助他們從迷亂困惑中找到一條明路，並且幫助他們釋放自己的能量來從事創造性的工作。

中文參考書目與資料

1. 費登奎斯關於其方法的著作有七本，世茂出版社曾翻譯過其中三本：《從動中覺醒》（*Awareness Through Movement*）、《從身態改變心態》（*The Potent Self*）、《大師之舞》（*The Master Moves*），均已絕版。其中，《從動中覺醒》即本書，已重新翻譯，並正名爲《動中覺察》；《從身態改變心態》亦已重新翻譯，新譯本《成爲有能的自己》最後一本書《費解的顯然》（*The Elusive Obvious*），已由易之新老師翻譯，於2016年由心靈工坊出版。而費登奎斯的短文和訪談《身體的智慧》（*Embodied Wisdom*）也是由易之新老師翻譯，2017年由張老師出版社出版。

2. 遠流出版社於2015年出版的《自癒是大腦的天性》（*The Brains Way of Healing*），其中第五、六章詳細介紹費登奎斯與他的方法。

心靈工坊
PsyGarden
Holistic 113

動中覺察：改變動作‧改善生活‧改寫人生

Awareness Through Movement: Easy-to-Do Health Exercises to Improve Your
Posture, Vision, Imagination, and Personal Awareness

作者—摩謝‧費登奎斯（Moshé Feldenkrais）　　譯者—陳怡如

出版者—心靈工坊文化事業股份有限公司
發行人—王浩威　總編輯—徐嘉俊
翻譯初稿—許琳英　責任編輯—徐嘉俊
通訊地址—10684台北市大安區信義路四段53巷8號2樓
郵政劃撥—19546215　戶名—心靈工坊文化事業股份有限公司
電話—02）2702-9186　傳真—02）2702-9286
Email—service@psygarden.com.tw　網址—www.psygarden.com.tw

製版‧印刷—彩峰造藝印像股份有限公司
總經銷—大和書報圖書股份有限公司
電話—02）8990-2588　傳真—02）2290-1658
通訊地址—248新北市新莊區五工五路二號
初版一刷—2017年5月　初版十刷—2024年6月
ISBN—978-986-357-089-9　定價—380元

AWARENESS THROUGH MOVEMENT
by Moshé Feldenkrais
Copyright © 1972, 1977 by Moshé Feldenkrais
Complex Chinese translation copyright © 2017 by PsyGarden Publishing Co.
Published by arrangement with HarperCollins Publishers, USA
through Bardon-Chinese Media Agency
博達著作權代理有限公司
ALL RIGHTS RESERVED

國家圖書館出版品預行編目資料

動中覺察：改變動作‧改善生活‧改寫人生 / 摩謝.費登奎斯 (Moshe Feldenkrais) 著 ; 陳怡如譯. -- 初版.
-- 臺北市：心靈工坊文化, 2017.05
　面；　公分. -- (Holistic ; 113)

譯自：Awareness through movement : easy-to-do health exercises to improve your posture, vision, imagination,
　　and personal awareness

ISBN 978-986-357-089-9 (平裝)

1.心理衛生　2.潛能開發　3.自我實現

172.9　　　　　　　　　　　　　　　　　　　　　　　　　　　　　106003503

心靈工坊 書香家族 讀友卡

感謝您購買心靈工坊的叢書，為了加強對您的服務，請您詳填本卡，
直接投入郵筒（免貼郵票）或傳真，我們會珍視您的意見，
並提供您最新的活動訊息，共同以書會友，追求身心靈的創意與成長。

書系編號－HO113	書名－動中覺察：改變動作‧改善生活‧改寫人生

姓名 ＿＿＿＿＿＿＿＿＿＿ 是否已加入書香家族？ □是 □現在加入

電話（公司）＿＿＿＿＿（住家）＿＿＿＿＿ 手機＿＿＿＿＿

E-mail ＿＿＿＿＿＿ 生日　年　　月　　日

地址 □□□ ＿＿＿＿＿＿＿＿＿＿＿＿

服務機構／就讀學校 ＿＿＿＿＿＿＿ 職稱 ＿＿＿＿＿

您的性別─□1.女 □2.男 □3.其他

婚姻狀況─□1.未婚 □2.已婚 □3.離婚 □4.不婚 □5.同志 □6.喪偶 □7.分居

請問您如何得知這本書？
□1.書店 □2.報章雜誌 □3.廣播電視 □4.親友推介 □5.心靈工坊書訊
□6.廣告DM □7.心靈工坊網站 □8.其他網路媒體 □9.其他

您購買本書的方式？
□1.書店 □2.劃撥郵購 □3.團體訂購 □4.網路訂購 □5.其他

您對本書的意見？

封面設計	□1.須再改進	□2.尚可	□3.滿意	□4.非常滿意
版面編排	□1.須再改進	□2.尚可	□3.滿意	□4.非常滿意
內容	□1.須再改進	□2.尚可	□3.滿意	□4.非常滿意
文筆／翻譯	□1.須再改進	□2.尚可	□3.滿意	□4.非常滿意
價格	□1.須再改進	□2.尚可	□3.滿意	□4.非常滿意

您對我們有何建議？
＿＿＿＿＿＿＿＿＿＿＿＿＿＿＿＿＿＿
＿＿＿＿＿＿＿＿＿＿＿＿＿＿＿＿＿＿

□ 本人＿＿＿＿＿＿（請簽名）同意提供真實姓名/E-mail/地址/電話/年齡/等資料，以作為
心靈工坊聯絡/寄貨/加入會員/行銷/會員折扣/等用途，詳細內容請參閱：
http://shop.psygarden.com.tw/member_register.asp。

台北市106 信義路四段53巷8號2樓
讀者服務組　收

（對折線）

加入心靈工坊書香家族會員
共享知識的盛宴，成長的喜悦

請寄回這張回函卡（免貼郵票），
您就成爲心靈工坊的書香家族會員，您將可以──

⊙隨時收到新書出版和活動訊息

⊙獲得各項回饋和優惠方案